狐狸型思維

THINKING LIKE A FOX

The Complete Guide to a Life of Adventure and Practical Wisdom

世界怎麼變都能游刃有餘的 34 則致勝筆記

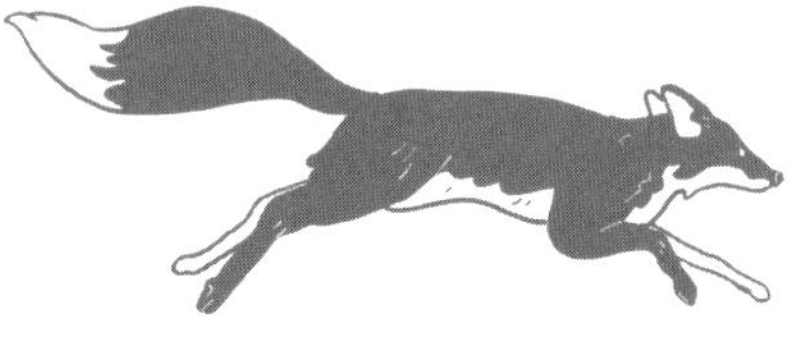

茲維・拉尼爾 Zvi Lanir 著

林楸燕 譯

目錄

PART 1

狐狸是什麼，以及成為狐狸的原因？

PART 2

狐狸型智慧

PART 3

狐狸型智慧的實踐

PART 4

如何強化我們內在的狐狸型特質

前言
論我們擁有的狐狸型與刺蝟型特質

如果一本書能讓我們更清楚地理解與自己相關的重要問題，並帶來新的啟發，讀起來會特別讓人開心。對我來說，列夫・托爾斯泰（Leo Tolstoy）的《戰爭與和平》（*War and Peace*）就是這樣的一本書。

表面上，《戰爭與和平》是關於拿破崙入侵俄羅斯的偉大傳奇故事，從征服莫斯科拉開序幕，而這是拿破崙這場征戰的巔峰，一路到燒毀莫斯科的轉折點，這也迫使拿破崙展開幾乎讓他全軍覆沒的著名「大撤退」（great retreat）。

然而，在我看來，《戰爭與和平》是一本關於狐狸與刺蝟的故事。不是指動物本身，而是代表兩種對待人生的看法（perception of life）。

在《戰爭與和平》中，托爾斯泰刻畫了兩種截然不同的個性。一方是拿破崙，典型的刺蝟型人物，以縝密的計畫和卓越的領導能力在戰場上發光發熱。他集中力量，精心策畫，試圖用一場決定性的戰役來改變戰爭的命運。與之相對的是年邁俄羅斯將軍庫圖佐夫（Kutuzov），一位靈活多變的狐狸。他成功地擊敗了拿破崙，但並非透過當時流行的戰爭方式，以嚴密的計畫或集結強大軍力來正面硬碰硬。庫圖佐夫沒有用傳統、可預期的方式擊敗敵人，而是以他狐狸般的智慧，迫使拿破崙撤退，從而拯救了俄羅斯。

他的成功來自於他能夠耐心等待那個關鍵時刻——那些無法預測、無法事先規畫，但會在錯綜複雜的人類現實中自然浮現的機會。正是這樣的策略，導致拿破崙的失敗。

托爾斯泰將現實描述成由無數不可預測的事件聚合編織而成。《戰爭與和平》是一則史詩般的故事，由許多短暫、片段的小故事綜合組成。托爾斯泰想要傳遞的是：生命與歷史中發生的重大改變是透過許多事件與機遇而促成，即使我們的後見之明傾向將故事描述成好像是由清楚的因果關係發展之下的結果。

我熱衷研究歷史，尤其對軍事歷史感興趣，所以我很自然地一開始就將《戰爭與和平》視為書寫戰爭的史詩傳奇名著。而使我重新檢視這部作品，將其視為一個關於刺蝟與狐狸的故事的人，是英國哲學家兼歷史學家以賽亞・柏林（Isaiah Berlin）。

柏林在〈刺蝟與狐狸〉（*The Hedgehog and the Fox*）一文中，探討了十九世紀的俄羅斯作家，提出了兩種類型的作家之間的區別：一種是像狐狸的作家，另一種是像刺蝟的作家。談到托爾斯泰時，他不僅指出書中主角庫圖佐夫的狐狸特質，也認為托爾斯泰本人在創作與生活中都是典型的狐狸。相較之下，他將其他十九世紀的俄羅斯作家，例如杜斯妥也夫斯基（Dostoyevsky），視為「刺蝟」的代表，這類作家傾向用單一邏輯推展故事線，並以符合該邏輯的方式描述事件。與這些刺蝟型作家不同，狐狸型作家認為現實是不斷變化與變動的。為了了解現實，我們必須將事件與經歷重新組合，並將那些看似與故事主軸無關的片段聯繫起來。

就各層面來看，柏拉圖（Plato）、帕斯卡（Pascal）、黑格爾（Hegel）、易卜生（Ibsen）、佛洛斯特（Frost）都是刺蝟型人，他們試圖澈底理解每一件事，一勞永逸地找出終極答案。相對而言，亞里斯多德（Aristotle）、蒙田（de Montaigne）、伊拉斯謨（Erasmus）、莫里哀（Molière）、歌德（Goethe）、普希金（Pushkin）、巴爾札克（de Balzac）與喬伊斯（Joyce）則是狐狸型人，他們認為全面地理解一切是不可能的。

人類對秩序、確定性與穩定性的渴望深植於意識之中。自古以來，我們一直希望找到一種統一的邏輯，以在面對生活中的錯誤與變數時提供支撐。刺蝟型人尋求一種至高無上的力量，引導他們走上「正確」的人生道路。有些人在宗教經典中尋找答案，另一些則寄望於科學理論，還有些人則滿足於作家、哲學家或名人的至理名言。然而，狐狸型人則認為，現實是不斷變動的，為了真正理解世界並找到合適的應對方式，他們必須持續反思自己的見解與相關知識，只有這樣，才能開闢新的行動路徑。

生於西元前七世紀的希臘哲學家阿爾基羅庫斯（Archilochus, 680-645 BC）提到狐狸與刺蝟的區別：「狐狸知道很多事情，而刺蝟知道一件大事。」

刺蝟的關注範圍是固定的，他們專注於深化對「一件大事」的理解，而這種專注也形塑了他們對世界的整體想像。相比之下，狐狸則在各種事物之間遊走，從不企圖完全掌握單一主題。阿爾基羅庫斯的世界觀，以及為狐狸的世界觀和人生觀的辯護，可以用以下的象徵總結：事物都會改變。我們無法踏入同樣的溪流兩次，因為河不同，而人也不再相同。由於此刻都不同於前一刻，任何關於未來的推測只會是種想像，而狐狸總是敞開雙臂迎接驚喜，並發現之前並不知道自己在尋找的事物。

刺蝟總滿足於專家所言，狐狸則是依著內在意識以及透過自身經驗學得的知識來找尋答案。

綜觀人類歷史，客觀條件都讓刺蝟型特質擁有優勢，因此幾乎所有人都以刺蝟的方式思考與行動。只有一些例外得以讓一些狐狸型特質成為標準。直到二十世紀，大多數的改變都在我們熟悉的現實裡發生。人類發展將近整體都聚焦於改善現存事物。這樣的現實之下，刺蝟型特質扮演帶領人類發展的主要角色。

然而，如今的我們正處於一個快速發生「既有認知顛覆」（the Fundamental Surprise）的現實之中，這些變化打破了我們的思維模式，並需要新的解釋與解決方案。在這樣的現實中，狐狸型思維與行動方式更具優勢。

狐狸型特質仍遠未獲得應有的認可與重視，無論是作為一種觀點還是一種生活方式。它不受重視，也沒人教導。在我們的教育系統裡，我們主要被訓練成刺蝟。我們被教導運用邏輯思維得到正確答案與解方，相信科學家、宗教領袖、老師、立法者、醫生與其他領域專家的話，能帶我們走向正確的道路。

因為具邏輯與科學化的事物被認為優於非邏輯與科學化的事物，以及透過經驗感受到但尚無法用邏輯方式解釋的事物，所以狐狸型的思考方式與行動被認為是次等、不合邏輯，成為缺乏目標導向的證明，甚至是種性格上的缺陷。有些人甚至將其視為是操弄與狡詐，變成一種道德缺陷。儘管如此，大量證據表明，即便是在科學領域，創造力往往來自於那些不拘泥於刺蝟型特質的思考過程。

忽視發展蟄伏於我們內心的狐狸型特質與技能的需求，將帶來沉重的個人代價。在個人、商業、組織與政治事務上，我們的潛力將因此受限。

刺蝟型與狐狸型行為的二元區別可能令人誤解。其實我們同時擁有刺蝟與狐狸的特質，只是每個人擁有的程度不一。各位讀者也擁有狐狸型特質，只是沒有使用，也沒有強化這種特質，這是因為你們受到的訓練與教養方式皆是提倡刺蝟型特質。根據我引導他人發現自己的狐狸型特質的經驗，我可以證明大多數人是可以喚醒蟄伏於體內的狐狸型特質，並加以強化與培育。

書架上擺滿著眼於刺蝟型思維與規畫的書籍，卻很少能找到結合學術知識與實際經驗，向讀者解釋為何需要發展狐狸式智慧，並指引他們如何做到的書籍。我希望能用這本書填補這個空缺。

本書遵循將狐狸型特質定義為能在事物間順暢遊走，從一事件推論出另一事件的能力。因此，我會引領讀者進入一系列筆記中。每篇筆記描述並解釋狐狸型智慧的不同面向，讓讀者能透過故事與例子心神領會，而這些故事與例子很多源自於我自己的狐狸型旅程。藉著書中的故事與例子，我想鼓勵讀者想像如何培養自己的狐狸型特質。

這本書主要基於我一直以來在狐狸型與刺蝟型思維和實踐間不斷切換的經驗，以及我在教導個人，以及帶領社會、企業與策略重新架構計畫中的豐富經驗。

本書包含三十四則短篇筆記，分成四部分。第一部分「狐狸是什麼，以及成為狐狸的原因」，解釋了為何我們內在的狐狸型特質在當代變得如此重要；第二部分「狐狸型智慧」則介紹狐狸型智慧的相關技能；第三部分「狐狸型智慧的實踐」描述如何應用與實踐狐狸型智慧；第四部分「如何強化我們內在的狐狸型特質」將教授喚醒內在狐狸型智慧的方法。

此書是寫給各領域的實踐者、思想家與領導者，但最主要的對象是應付人生難題的「一般人」。因此，我決定書中論點的哲學與歷史來源基礎先擱置一旁，不加重讀者的負擔。

對於更深入內容有興趣的讀者，我在附錄「狐狸型實踐的沉思資源」中，簡要介紹了本書概念的來源。

來吧，狐狸們，讓我們開始這段旅程。

PART 1

狐狸是什麼，以及成為狐狸的原因？

筆記1

身處於越來越複雜、不斷改變的世界

我們生活的世界持續變得越來越複雜，不斷發展變化與令人驚奇。下頁圖表中有許多分散的概念，每個都代表世界不同的面向。這是我幾年前應邀演講時所準備的概念表，該演講以「我們生活在什麼樣的世界？」為主題。

從表面上看，這場講座的主題似乎是一個奇怪的問題。我們難道不知道自己生活在什麼樣的世界中嗎？畢竟，我們是這個世界的一部分，並在其中活動。這個問題是否就像在問「我住在一個什麼樣的家中？」是否真的需要一位講者來說明我們所處的世界是什麼樣的？事實上，事情並沒有這麼簡單。此外，當問題涉及到你個人的世界時，你必須運用一套相當複雜的概念來描述它，才能完全了解該如何生活在其中。

圖 1 複雜世界

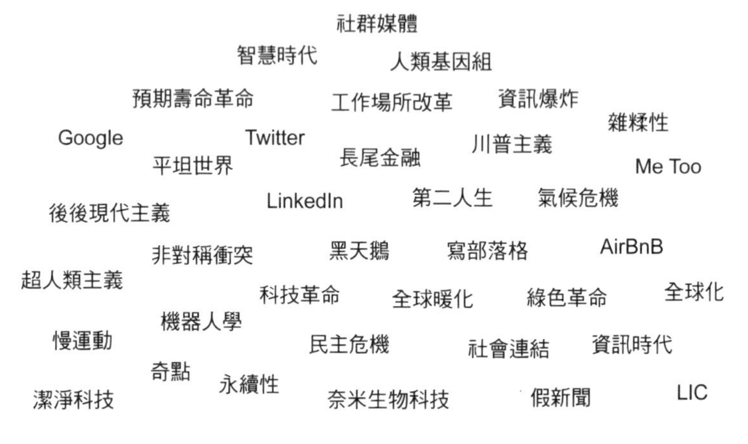

當我們問「我們生活在什麼樣的世界？」這個問題，並指的是影響我們每位個體的特定世界時，會發現之前覺得離我們既遙遠又不相關的事情，現在卻深深影響我們每個人。世界廣泛影響個人與私密空間的強度逐漸增強。

一位生活在開發中國家的農夫，可以透過直接與事物互動來了解世界。他的世界包括村莊的房屋、居民、田地、牲畜，以及遠處那座由於其宏偉與神祕而被認為擁有神奇力量的山。那座山是他世界視野的最遠邊界。從個人主觀的角度來看，這種世界觀與我們當前的西方世界有著極大的不同。在現代西方世界中，全球性的現象和抽象概念直接影響著我們的個人生活。像是「氣候危機」（The Climate Crisis）、「平坦世界」（Flat World）[1]、「科技革命」（Technological Revolution）、「預期壽命革命」（Life Expectancy Revolution）或是「工作場所改革」（Workplace Revolution）等概念，對所有人的生活帶來實際影響。

「平坦世界」的概念象徵全球化擴展人的利益、擔憂、關係與旅行能力，「科技革命」則象徵科技影響人類生活的各個層面。「工作場所改革」象徵人類目前從事的工作大部分將會在不久的將來消失，因為科技與電腦化的進步將使這些工作被取代。「預期壽命革命」的概念象徵解放了人類晚期生命的潛能。[2]「氣候危機」與「全球暖化」則影響所有人，但伴隨而來的海平面上升則實際威脅到居住在靠近海岸的人，甚至淹沒他們的家園。

隨著時間推移，我們得要根據這些概念重新詮釋自我的需求只會越來越強。我

---

1. Thomas L. Friedman, (2017) *The World Is Flat: A Brief History of the Twenty-First Century*. PICADOR 出版。
2. Lanir Zvi, (2019) *The Wisdom Years*. Exisle 出版。

們的父母也曾需要藉由新概念來了解自我與生活，但這些概念相對較少，而且大多與他們的生活與家庭相關。我們體驗世界的方式不同於我們的父母，甚至與前幾年我們認為的世界也有所不同。

請再看一遍我為演講準備的概念清單。如果今天再次被要求以同樣的主題進行演講，我列出的描述世界的清單將會不同。其中一些概念不再具有相同的重要性，而新的概念則成為焦點，例如新冠肺炎（COVID-19）。

請暫時停止閱讀，試著想一想與你相關的概念清單。我想，每個人的清單在某些方面都會與我的不同。我也建議你在兩三年後重新檢視這份清單。這樣做能真正展現出你的世界是多麼複雜且充滿變化。

沒有任何一個方式能明確定義我們的世界。這是個不斷變動、湧現的世界。它展現了一種由意料之外的變化與組合所構成的現實，這些組合會產生出乎意料的影響。其中一些組合甚至會形成新的範疇，進而深刻地改變我們的生活。例如，在我撰寫的《智慧之年》（*The Wisdom Years*，暫譯）一書中，我提出導致預期壽命大幅上升的多種因素如何結合，從而引發人類生命中心階段的形成：智慧時期。智慧時期與之前的成年時期和其後的老年時期性質不一樣。

這就是說，會有很多多重新概念與組合因素會週期性湧現並短暫地影響我們。例如邁入二〇〇〇年出現的「千禧蟲」（The Millennium Bug），因它可能會癱瘓控制金融和科技秩序的電腦系統，造成當時人們大規模的恐慌。還有其他在當時顯得很重要的概念，由於它們代表的問題找到了解方，使它們變得無關緊要，但沒料到在不同的情境裡又再度出現。像是在二〇〇九年帶有全面性大流行威脅的「豬流感」（Swine Flu）就是這樣的概念，它原本可能造成數百萬人死亡，最後成功被抑制緩和，而當二〇二〇年新冠病毒爆發時，這概念再次帶著新意義出現，即當作新冠病毒與二十一世紀全球大流行疾病相似，但仍有不同之處的證明。

一篇報導瑞典建造了粒子對撞機的文章，以往會被認為只與科學家相關，對於我們「一般」老百姓沒什麼影響的議題。然而，現在它談及的內容可能會影響我們個人生活的發展，這種影響甚至不亞於股市波動造成我們年金損失所帶來的衝擊。

抽象理論概念現在突然成為顯著改變我們個人生活的實體事物。

伍迪・艾倫（Woody Allen）曾說：「我很高興天文學家發現宇宙有無盡維度，但這對我找到昨天弄丟的眼鏡有什麼幫助呢？」。然而，在今日的世界裡，無論是粒子加速器的技術發展，還是專為天文研究設計的科技，它們與我們尋找昨日遺失的眼鏡的關聯，可能比我們所能想像的更加緊密。

這些快速變化迫使我們一再重新詮釋自己。與其說「人生只有一次」這類的陳腔濫調，「你每天都重新活一次，而只會死去一次」難道不是更貼切嗎？

這些事件會如何影響到我們實際的思維模式呢？這不只是不斷需要學習新事物而已，而是更為耗時費力的需求，即因為現實一直不斷改變，我們得一再重新檢視詮釋身處的世界與自我的概念系統。如果不這樣做，我們會陷入「適用性差距」（Relevance Gap），即我們的信念與面對的現實之間的觀念與實用性差距。

於是，這使我們必須將「如何詮釋自我與世界的關係」這一問題，從哲學層面轉向更實際的角度。它的答案將決定我們在這個世界中的運作效率。過去只有哲學家比較關心的觀念與認知問題，今日變成我們得學著巧妙應對的現實課題。

許多人還是認為我們生活的世代是「資訊時代」（The Information Age），此概念的實用性日益降低，甚至就我們面對的挑戰來說，反而帶來誤導。事實上，我們身處於「知識時代」（The Age of Knowledge），不只受到取得的爆量知識所引導，更重要的是，必須關注那些促使我們重塑思維框架的核心議題。

Google和維基百科讓我們能輕易獲取無窮無盡的資訊，並快速找到各種答案。我們或許能閱讀所有關於家庭預算管理的知識，但這並不意味著我們就懂得如何明智地應對失業危機。這並非易事，正如我在書中所示，這需要狐狸型智慧。

刺蝟仰賴普遍知識，而狐狸則注意到每種情境的獨特性。刺蝟仰賴從外面收集而來的各種的理論，而狐狸型智慧則源於對自身所處環境的深刻理解，能夠因時因地制宜。

狐狸同樣會從外部資源收集資訊與知識，但會有意識地根據特定情境的需求加以篩選與運用。憑藉這種實用智慧，狐狸能識別出刺蝟無法察覺的全新、甚至出人意料的可能性。

這就是他們能找到刺蝟看不見的非傳統解方的方式。

在二十一世紀複雜多變的環境中，狐狸能夠茁壯成長，而刺蝟則故步自封。

筆記2

「老大哥」的衰落

狐狸型思維在本質上傾向對權威來源提出質疑，特別是那些負責解決我們生活中必然發生的問題與難題的權威。狐狸不會接受由宗教與科學教條捍衛者所提供的指引。

數個世紀以來，西方世界裡無庸置疑最穩定的學說就是天主教教會，其重要性體現在以其井然有序的系統化觀點為核心，為生活中各種問題與情況提供解答。教會身為涵蓋廣闊、支配一切的典範，將世界有秩序地自上而下分階層。掌管宇宙金字塔頂端的是全知全能的神（Almighty），更精確地說法為三位一體（Holy Trinity）。於其之下是神在人間的使者教會，在教會之下則是人類與其他生物。這一信條為教會的地位與權力提供了邏輯上的正當性，使其成為一個明確無誤、帶有宇宙神聖性的權威體系。

當伽利略（Galileo Galilei）發表證實哥白尼（Copernicus）於一五四三年提出地球實際上繞著太陽轉，而非反之的理論時，他的發現被視為對神聖秩序的褻瀆，無異於異端邪說。於是他穿著懺悔時會穿的白袍，被迫跪在負責宗教審判的七位主教面前，宣讀事先準備好的懺悔自白。他宣告：「我發誓摒棄、詛咒並痛斥這些錯誤與異端邪說」，並誓言「今後無論口頭或書面，絕不再發表任何可能引起類似懷疑的言論或主張。」關於這個事件比較浪漫的版本則說，在這場公開懺悔中，伽利略一邊譴責自己的信念，一邊低聲喃喃自語道：「地球仍然在轉啊」（Eppur si muove）。這一事件標誌著天主教會作為全方位統治學說的衰落，也象徵著一個新時代的開端——科學學說的崛起。

將科學視為一種學說有點奇怪，因為許多科學家並不會試圖將能夠為實驗室裡的問題提出系統性且規律答案的科學，視為能解決世界與人生難題的答案。然而，隨著科學日益強盛，逐漸開始與教會競逐誰能提供決定性的學說。

科學透過理性與客觀能力建立信條，而有條理的規則最終使其能探索宇宙奧祕與萬物。

這些科學信念附於生活所有面向，代表了事物精確的秩序，拒絕所有被認為是非理性的其他事物。科學學說的影響流傳，廣泛被現代體制接受，包括公眾、社會、商業、軍事與學術領域。以上體制力爭達到「科學誠信」的層次。科學作為一種學說，成功地取代了人們在個人生活中應該如何思考和行為的普遍信念。

歷經約三百年的努力，科學家試圖破解宇宙的奧祕，直到二十世紀，薛丁格（Schrödinger）、海森堡（Heisenberg）和波耳（Bohr）等物理學家，推翻了牛頓典範，否定人類能夠完全理解自然的假設。他們甚至摒棄牛頓的三位一體學說，即確定性、因果論與決定論，以及人類能夠達到這一目標的可能性。

這些科學家證明，所有知識端視觀察者與其所處情境而定。我們所認知追尋的現實的樣貌，取決於我們所使用的工具。如同海森堡所言：「我們所觀察到的並非自然本身，而是我們用以探詢的問題與方法所揭露之物。在現實的舞台上，我們既是演員也是觀眾。」再者，我們發現物理世界的每個部分皆只是相對穩定的系統，而且沒有任何一部分比另一部分更為重要。這些結論應該對科學學說有更為深遠的影響，正如哥白尼理論興起後對天主教教義所帶來的衝擊。倘若我們不只是觀察者，而是能決定科學實驗室裡實驗結果的人，我們沒有任何理由能將科學當作是對人類智慧的最高評判，我們也不應單純依賴科學來理解個人世界與生命的意義。

二十世紀主要的社會運動承諾以實踐各自的意識形態，引領人類邁向更好的世界，但最終未能實現。

馬克思主義，作為與教會典範競爭的主要社會嘗試，最終也演變成一種宗教般的體制，並在二十世紀末逐漸瓦解。

然而，作為社會哲學的馬克思主義並沒有消失，而是分散成不同派別與許多不同的詮釋方式，包括盧卡奇（Lukacs）、葛蘭西（Gramsci）、科西（Korsh）、布洛赫（Bloch）、馬庫色（Marcuse）、阿圖塞（Althusser）、新馬克思主義等。近年來，馬克思主義以迎接新詮釋、重新改造的哲學分支樣貌再度回歸。

資本主義運動顯然也以類似的方式運作。

資本主義是一種意識形態，也是一種經濟、社會和政治體制，自工業革命以來，它以各種形式主宰著我們的生活。

資本主義意識形態向我們保證，只要遵循其原則，便能實現經濟成長與個人福祉。然而，那隻原本被期望能夠調節事態走向的「看不見的手」，卻被發現是一種掠奪性的機制，不斷加劇貧富不均，同時也使人類從公民轉變為沉迷消費的個體，無法區別是因為真正需要而購買，還是因為購物成癮而衝動消費。資本主義以這種方式，使人類與社會變得越來越脆弱。

資本主義透過不斷創造無限增長的需求來推動生產，而這正是導致氣候危機、威脅人類生存的主要原因。

面對這一切，越來越多人意識到我們迫切需要一種不同於資本主義的經濟與社會模式。在資本主義體制下，追求利益凌駕於勞動與人際關係之上，對人類、社會與自然造成嚴重破壞。因此，我們必須重新構建一種新的秩序，擺脫「利潤至上」的生活模式，並以更高層次的人類價值為核心。

新冠肺炎更進一步推翻相對於集體主義的個人主義，它提醒我們，人類不僅是將個人利益最大化的個體，而是彼此相互依存。口罩不只保護自己免於感染，同時也防止我們傳染給其他人。我們學會照顧人群中較為脆弱的族群與年長者，因為他們受傷會大大削弱我們整體度過危機的能力。

「高高在上」的權貴與名人在新冠肺炎危機裡完全沒有任何作用。疫情期間的英雄是那些「小」人物，像是醫生、護士、清潔人員、司機、志工與鄰居。他們願意為我們冒險，成為我們真正所需的支柱。真正重要的是這些人，而那些大型企業執行長、對沖基金經理人，以及操控資本主義經濟運作的人，則顯得可有可無。

當我寫下這一章時，未來的走向與最終將帶來的變革仍難以預測，但可以肯定的是，個人主義的命運或將與共產主義和資本主義相似。它不會消失，而是會尋找新的定位與發展方向。

同樣的情況也發生在傳統哲學。試圖提供包山包海理論的嘗試失敗了。哲學不再是提供所有整體解釋的典範，而是分解成各個派別：哲學人類學（李維・史陀〔Lévi-Strauss〕）、保守主義（皮亞傑〔Piaget〕與其他人）、解構主義（德希達〔Derrida〕）、語言學（瑟爾〔Searle〕與杭士基〔Chomsky〕）、知識與語言的哲學（維根斯坦〔Wittgenstein〕）、社會哲學（哈伯瑪斯〔Habermas〕與伽達默爾〔Gadamer〕）、後結構主義哲學的思想家與後現代主義者，還有其他派別。

學校與大學作為提供應對變革世界所需知識的權威與地位已經動搖。我們發現，學校並未真正幫助孩童為未來做好準備，而大學也逐漸喪失其作為學位授予機構的權威性，無法再確保個人能憑藉學歷獲得理想的工作與職位。

重要的創新往往源自於「普通人」想要解決自身面對的問題。馬克．祖克柏（Mark Zuckerberg）在還是學生時創立了臉書（Facebook），而不是在訓練有素的科學研究機構裡。此外，臉書的崛起源於個人與社會對於「建立人際關係」（to get babes）的需求，而推動社群媒體文化發展的力量，大多並非來自正規學術機構。學術研究者通常是在這些現象變得顯而易見之後才開始介入，並主要聚焦於探討其本質與理論。

「老大哥」（Big Brother）式信條與典範對於那些不受科學真理約束、關心的只是如何在這個動盪世界中尋找立足之道的「普通人」而言，意味著什麼？

當代的科學與哲學提醒我們，完全了解事實與得到最終真相並非我們能力所能及。它們引領我們去欣賞現實與真理的多重面向，並承擔起在不斷變動的發現過程中尋找意義的責任。

狐狸型思維是一種對個人責任的承諾，體現在我們選擇向自己提出的問題，以及我們如何以新穎的視角解讀生活中遭遇的現象與挑戰。

筆記 3

狐狸的「長尾」

高斯曲線，即更為人熟知的鐘形曲線，呈現我們所知數值的常態分布樣貌。根據高斯曲線的邏輯，大多數人落在中間部分，即曲線中間高聳，看起來像顛倒鐘形的部分。

小部分數值會落在高聳部分的兩側，以數量持續減少的方式分布。像是運動用品NIKE、速食龍頭麥當勞以及飲料大廠可口可樂等知名公司則努力將行銷目標對準曲線高聳的部分，認為這是大多數客戶所在之處，也是該品牌該著眼推廣之處。

大型書店也是如此。由於書店展示櫃位空間有限，書店通常展示一般讀者會喜歡的所有書籍種類。銷量好的書籍會被移至較顯眼之處，而無法符合一般大眾喜好的書籍被移到儲藏室，其原本的位置則被預期銷售狀況能比舊商品還好的新商品取代。

以巴諾書店（Barnes & Noble）為例，其最大門市過去曾陳列多達一萬五千本書，但書店人員每周會將銷售量較少的書籍下架，以騰出空間擺放新書。然而，令人驚奇的是，當亞馬遜（Amazon）開始透過網路販售書籍，提供一覽無遺的無盡書目，人們才發現許多亞馬遜的主打書籍甚至未曾出現在巴諾書店的書架上。這代表即便沒有針對大眾品味行銷，許多未在書店上架的書籍依然能夠賣得很好。

這一現象違背了高斯曲線的邏輯，即大多數買家會落在曲線中間，即曲線高聳的部位，這也是大多數公司的目標所在，以獲取主要收益。然而，網路這無限之地揭示了一種不同的消費群體分布模式，被稱為「長尾效應」（The Long Tail）[3]。

「長尾效應」的原理可以用一個簡單的方式來解

圖 2 鐘形曲線與長尾曲線的對比

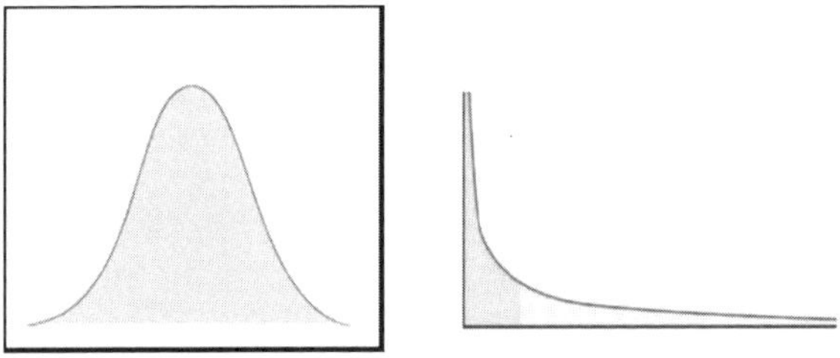

釋：想像一疊十枚硬幣，旁邊是一疊九枚硬幣，接著是八枚、七枚，依此類推，直到最後一疊只剩一枚硬幣。看起來數量較少的成疊硬幣，其數目加總起來會比最大疊的硬幣加總數字還多。是不是很神奇？

網路提供了幾近無限且多樣化的商品，從而帶來舊經濟時代難以想像的消費選擇自由。這使得臉書或 Google 這類新興企業能夠有效滿足長尾效應所帶來的廣泛需求，並從中發掘許多新的獲利可能。如今，幾乎每家企業都在努力尋找進入長尾市場的策略，以從這片龐大的市場中獲利。然而，我們更關心的是長尾效應所揭示的深遠人類影響。

偉大典範的崩塌與「長尾理論」的發現，猶如決堤之水沖垮了一道長久存在的障礙。這道屏障曾讓人們無法看見人類世界的多樣性、複雜性與差異性，也阻礙了人們認識到，相較於單一的統一解決方案，擁有多種選擇能夠更有效應對人類問題。如今，個體差異的浮現不再僅僅是品味或意願的問題，而是涵蓋了人們獨特的

---

3. 長尾效應的概念是由克里斯・安德森（Chris Anderson）所創，刊載於二〇一四年《連線》雜誌標題為〈長尾效應〉的文章之中。http://www.wired.com/wired/archive/12.10/tail.html

需求與能力，使他們能夠尋找適合自己的解決方式，而非被動接受來自「上層」所提供的單一答案。

我第一次意識到這一點是在以埃消耗戰爭（War of Attrition，1967~1970）期間。當時，我訪視蘇伊士運河沿岸的一處要塞，卻深陷該場戰爭中最嚴重的轟炸事件。當轟炸開始時，我人在碉堡裡，但在進去之前，我看到許多士兵各自忙進忙出，遠離碉堡與其能提供的相對安全性。我記得我當時心想，如果轟炸突然開始，這些士兵該怎麼辦？因為他們離碉堡太遠，根本無法及時回來碉堡裡……事實上，他們的確沒有回來。

當轟炸開始時，許多士兵並未依照命令進入碉堡。我原以為，這將導致許多人受傷甚至喪命。然而，當轟炸結束後，我走出碉堡並驚訝地發現，除了少數擦傷與瘀青，大多數士兵竟然毫髮無傷。這引起我的好奇。我穿梭在士兵之間詢問，發現他們早已對這類轟炸習以為常，也清楚指令規定一旦遭遇轟炸，應立刻進入碉堡，但現實是——他們距離碉堡太遠，根本無法及時撤離。因此，他們各自根據當下的情境，選擇了最適合自己的避難方式——雖然不完美，卻是最實際的選擇。有人躲進道路轉彎處的凹陷地帶，有人藏身於半遮蔽的建築物後方，甚至有人跳進臨時搭建的野外廁所坑裡……但他們都活了下來。回到安全地帶後，我不斷思索這段經歷的深遠意義。我意識到，在許多情境下，比起依賴傳統標準化的解決方案，那些不完美但具彈性的在地應變方式，反而更能有效應對眼前的挑戰。

數年後，在第一次波灣戰爭（First Gulf War, 1990~1991）期間，我發現自己再次面臨類似情形。當時，以色列國防軍（IDF）下達指令，要求民眾將房間封死。這項指令對大部分民眾來說有用，但卻不適用於我與家人。我當時住在一個莫沙夫（moshav）[4]，當地的房子皆是木造屋頂並覆蓋石板，這樣的結構無法提供足夠的隔絕，因此，單靠封閉門窗並不能為我的家人提供任何實質的保護。我必須根據我們所處的環境，找到更合適的解決方案。

在這場戰爭裡，我第一次體驗到所謂的「小人物」自發組成團隊的力量。這些小人物群體發現「老大哥」的解決辦法在危急時無法發生作用，因而聚集在一起討論辦法。我發現自己與許多同樣不願盲從指令的人緊密相連，我們透過分享資訊、交流個人經驗來互相幫助。這逐漸形成了某種狐狸論壇，我也在此處首次體會到群

4. 譯註：以色列集體農場。

聚的狐狸所擁有的巨大潛力，能發掘「長尾」式的解方。這一切都發生在沒有網路的世界，當時，封閉的房間內與外界唯一的聯繫方式，就是廣播、電視與電話線。

網路蘊含著狐狸般的潛力，但我們仍遠遠未能完全理解與掌握。它使我們能夠發掘無數在地化解決方案，這些方案往往比來自「上層」的統一指令更具效能。同時，小型狐狸群體能夠自主探索，並為其「長尾」問題創造出各種意想不到的創新解方。

我們才剛踏上「實踐智慧」的道路，這將會增進、改變原本具邏輯性的「老大哥」強迫性觀點與「小人物」智慧之間的關係，也會增進從上而下傳遞的知識與從下而上發展出的智慧之間的平衡與互動。

筆記4

為什麼暑假在夏天？

以色列心理學家阿摩司・特沃斯基（Amos Tversky）和諾貝爾獎得主丹尼爾・康納曼（Daniel Kahneman）認為思考過程由「定錨」（Anchoring）與「調整」（Adjustment）這兩個階段組成。定錨是我們大腦最先取用的感知架構，或是他人最初提供給我們的資訊。它成為一種認知錨點，為我們更新的範圍設下界限，始終圍繞錨點運行。圖3以譬喻方式說明了定錨與調整的關係。當船錨拋下後，風雖然會推動船隻移動並改變位置，但其範圍始終受到繩索長度限制。此圖也顯示，儘管船錨決定小船的移動範圍，但我們卻無法直接看見它的存在。同樣地，我們的思維受到概念錨點的限制，但我們往往對此毫無察覺。

我們的大腦很容易被設下錨點。在一項實驗中，特沃斯基和康納曼在一群學生

圖 3 調整的範圍界限

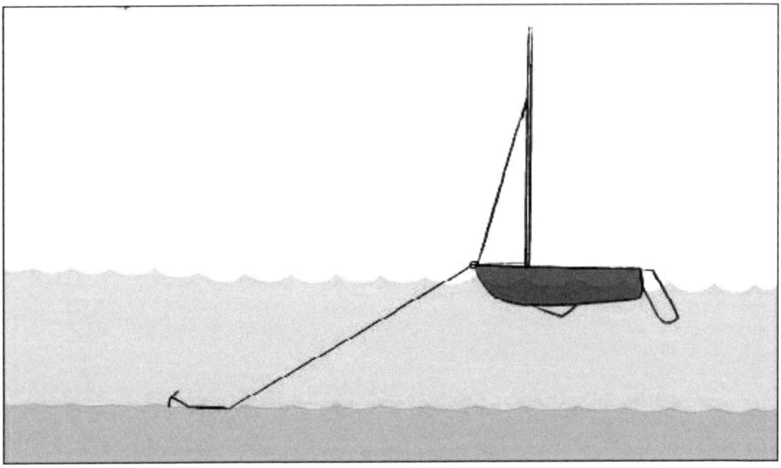

面前轉動一個列著數字一到一百的轉盤，轉盤每轉一次，實驗人員就大聲唸出轉盤指向的數字。這就足夠創造以下問題的概念錨點：「聯合國成員中有多少是非洲國家？」當轉盤指向十的分組成員被問到這個問題時，答案平均值為二十五個。當實驗人員詢問另一組轉盤指向六十五的分組成員，同樣問題的答案平均值卻是四十五個。

專業談判專家知道如何妥善運用定錨與調整原理。他們深知最初的提議將替談判過程與最終結果定調。最初提議即成為錨點，限制之後調整的範圍。前往遠東或土耳其旅行的旅客，也學到將此概念運用在市集購物。他們看到了牌價，但選擇忽視，好似牌價不存在。接著，他們提出比牌價低了許多的價格。倘若賣家動搖並更新報價，新報價往往會比牌價低，有時甚至低了非常多。

更為重要的是那些限制思考的錨點，那些我們無意識地從外界收集而來的現成方案。甚至當這些方案會造成個人、社會與經濟傷害時，我們卻沒有更進一步思考就接受。其中一個例子就是學校長達兩個月的暑假，這其實對孩童、父母與國家經濟都帶來不利影響。這段漫長假期讓每位家長焦慮不已：「天呀，又來了……這次得怎樣規畫才能度過呢？」你們有想過暑假為什麼有兩個月，而且還得在七月到八月呢？為什麼選在一年中最熱的時段呢？為什麼大家都在同一時段度假呢？

我們早已習慣學校最長的假期落在暑假，因此只是試圖適應、努力撐過，但並未真正擺脫這個錨點本身。說到底，暑假並非不可改變的固定制度。它只是一種社會曾經認為有助於提升生產力的安排，而即使當初的理由早已不再適用，這項制度仍持續存在，幾乎未曾受到質疑。

當我還在特拉維夫大學教授公共政策時，我決定與學生好好討論這個問題。我們一起研究暑假制度最初設立的原因，探討其背後的歷史與邏輯。

這一制度可以追溯到工業革命時期，當時現代學校的建立主要為了實現兩大目的：第一，讓孩子有事可做，使父母能夠專心工作，不受干擾。在農業社會，孩子通常會跟著母親到田裡，當他們五、六歲時，便開始幫忙農務。然而，隨著工業化發展，這種模式已不適用。第二，培養產業勞工，使他們既高效又守紀律。因此，學校的目標在於讓孩子學習專注、注重衛生，並獲取未來作為產業勞工所需的基本知識，這包括閱讀、寫作與數學技能，以及服從權威所制定的規範。然而，到了夏季收割時期，當其他成年勞動力離開村莊投入工業生產時，留在村裡的祖父母無法獨自應付農忙。為了應對勞動力短缺，當時的社會選擇讓兒童進入勞動市場，於是，夏季長假制度便應運而生。

三百多年過去了，支持夏季放兩個月長假的理由已經不復存在，但我們還是受到此錨點所困。

小時候，我曾認為暑假會這麼長，是因為去海邊很好玩的關係。事實上，那確實是我們暑假最常做的事情。那時，人們甚至認為曬得黝黑的皮膚是很吸引人的健康象徵。長大後，我加入了一個青年團體，整個暑假都在幫忙吉布茲（kibbutzim）集體農場進行各種農務。現在，我知道沒穿上衣，只穿短褲或泳衣加上不擦防曬就到處走動，會得皮膚癌。我也知道農務缺工的問題，因引進外國勞工與志工幾乎完全解決了。

當我還是年輕家長，且教室尚未安裝冷氣時，放暑假的理由似乎再簡單不過——孩子在高溫下難以專心學習。然而，如今教室都配備了冷氣，這個理由早已不再成立。事實上，讓孩子待在涼爽的教室裡，遠比讓他們在酷熱的天氣下四處奔跑、暴露於潛在危害中來得更合理。

此外，有研究顯示，一周至十天的短期假期比長假更有助於心理健康，且能有效避免長假帶來的重返學校適應困難問題。

從國家經濟的角度來看，放兩個月的暑假是件很蠢的事情。建築閒置兩個月很浪費資源，也很容易被他人破壞，像是打破玻璃、入室竊盜與弄壞設備和傢具。學期開始之前，學校都得要投入大筆資金整修在暑假期間遭到損害的物品與設備。

更糟的是，大批人潮同時湧入度假地。在法國，大家都熟知假期開始與結束時的塞車惡夢。在以色列這個小國，家長帶孩子出門是為了讓孩子有事可做，所以像是遊樂園、游泳池與其他場所變得壅塞又大排長龍，讓人難以忍受。同時，企業與工廠也因家長頻繁請假而蒙受損失，這些問題本可以透過更完善的規畫來預防。例如，將長達兩個月的暑假拆分為多個較短的假期（每次七至十天），並分散至全年各個時段，這不僅能改善個人與家庭層面的困境，也能為經濟運作帶來更好的平衡。

事實上，這些改變都是可能的。那為什麼沒有發生呢？社會錨點一般會產生維護本身的既得利益。想想倘若我們試圖建議改革，教師協會如何反應？社會錨點加上各行業的利益是非常難以改變。

我們正處於科技飛速發展的時代，這帶來了擺脫舊有錨點的新機會。然而，我們卻仍受困於早已根深蒂固的社會與政治體制，這些制度源於過去，卻持續影響著我們的現代生活。無論是社會整體還是個人，我們都因這些落差付出了代價。以下是其中一些典型例子。

我們仍是以政黨體制代表人民，這在法國大革命時期是很合理的安排。法國大革命要求全民投票權，但因為距離問題，民眾需要選出能代表自身利益的人，成為無可避免的選項。但是在我們的世界裡，這已經不合理，因為科技使每個人能表達意見，並能直接對每項議題進行投票。

法國大革命時期的民眾普遍不具備了解國家治理方式所需的教育，因此得要選擇某人代表他們，即使此說法在當時被認為很合理，在現代看來則是毫無根據。現代民眾比起民選官員對每日議題有更多、更深的理解，但由民選官員提出的解決辦法，時常受到自身狹隘的政治與個人利益所影響。

我們受到適用性差距這一觀念的錨定，縱使研究顯示「大眾智慧」往往比一小群專家更為明智，在此案例中的民選官員也是如此。當然，將權力分配給投票者也有其問題與缺點，例如，出於安全性與機密性等考量，有些議題無法交付大眾投票決定。然而，儘管有越來越多反對批評，目前還是沒有任何取代政黨方式的嘗試，這一事實足以證明社會與政治錨點對我們生活的操控與影響。

另一個例子是社會與個人習慣把人生畫分成三個階段：童年時期、成年時期與老年時期。這一錨點定義了我們在這三個人生階段中應有的期待與角色。

然而，這種三個人生階段模式了掩蓋了我們生命中許多重要的改變與轉折。以以色列為例，許多以色列人在服完兵役後會經歷一段「暫停時期」（Moratorium Period），這是段暫停或延遲的時期，通常延續數年，有時甚至長達十年。在這段時期，年輕人會延遲傳統上對成年時期的期望，即投入一份固定工作、婚姻與孩子。此現象在以色列很普遍，許多年輕人在服完兵役完後會去印度、東南亞和南美的旅行。他們即便在這些旅行結束後，仍常常覺得沒有準備好接受一份職業或家庭的責任。暫停時期也盛行於幾乎所有西方國家之中，但三個人生階段忽視了這一重要的人生暫停時期，以及它所帶來的獨特挑戰。

類似的現象也出現在強制退休法規上。從十八與十九世紀，一直到二十世紀初期的工廠裡，所有工作皆需要某些程度的勞動能力。當時，五十幾歲的人被視為是體力漸失的族群。然而，今日大部分的工作不需要繁重的體力勞動，反而需要的是在人生較晚階段才逐漸習得的技能。

這些變化讓大部分西方國家對於強制退休金法規進行了些許調整。此法令首先由德國首相俾斯麥（Chancellor Bismarck）於一八八九年採用。自此之後，退休年齡便被視為從成年步入老年的轉折點。但是，現在由於預期壽命顯著提高，退休人士平均在退休後仍會活上二十年之久，該法律現在無異於對人力資本的巨大浪費，這些人力資本本可以提升經濟財富和社會智慧，更不用說人民的福祉了。

與科學不同的是，社會體系並不遵循由卡爾．波普爾（Karl Popper）提出的「反駁原則」（Refuting Principle），就是當一個理論被推翻時，應由新的理論取而代之。然而，社會體系運作的方式並非如此，社會往往難以擺脫已不再適用的錨點，並創造新的制度取代。社會變革的速度遠遠趕不上現代生活裡的快速變化。因此，我們必須學會自主尋找解決方案，而非被動接受社會所提出或強加於我們的「標準答案」。這正是我們需要發揮狐狸型智慧的時刻。

狐狸型智慧並不期望我們能夠為學校的運作提供新的解決方案，發明新的民主制度，或者廢除強制性的退休金法規，但會要求我們保持警覺，讓自己從各種阻止我們向前進的錨點中解放。

筆記5

「既有認知顛覆」現象

情報機構主要分成兩個部門：負責蒐集資訊的情蒐部門，以及分析資訊與提出情報研判的研究部門。一九七三年贖罪日戰爭（Yom Kippur War）前夕，我已累積相當豐富的情蒐與情報研究經驗，因此被指派指揮有情報研究需求的情蒐單位。這是份中介工作。由於情報資料有很大部分具機密性，甚至無法對研究人員透露，因此，我的部門主要負責接收研究分析人員所需的資訊清單，然後指引他們找到相關資源。

作為部門主管，我處於一個獨特的位置，能夠接觸來自各種情報來源的資訊，並閱讀情報分析人員所提供的評估與研判。

戰爭前夕，以色列情報單位對埃及、敘利亞與約旦的情報掌握狀況幾乎完美。

我們攔截了埃及高層、敘利亞人與約旦人之間的訊息，以及敘利亞與埃及領導人之間的通訊，還有埃及與敘利亞和蘇聯間的通訊，而蘇聯是這三國的戰略支援與武器提供者。此外，我們擁有這些國家的訓練計畫，甚至還有埃及的作戰計畫。我們也有位頂尖情報員臥底在埃及總統沙達特（Sadat）的核心圈子[5]。我們當時以為自己已經掌握了一切，但事實很快證明——我們其實一無所知。或是應該說，我們誤解了所知道的事情。

這樣的事情怎麼可能會發生呢？

關於戰術層面的情報判斷價值極高。我們對敵軍的兵力規模、部署位置以及所擁有的武器掌握得相當精確。然而，在戰略層面，我們所蒐集的情報判斷價值卻相當低。戰略理解主要仰賴思維模式。我們往往高估符合自身觀點的資訊的價值，而忽略與我們既有認知相悖的資訊，甚至完全無視。

情報學說是以真相會由資訊顯現的假設為基礎。情報單位蒐集的資訊越多，研究評估就越準確。可是，意外總會發生。儘管以色列情報單位有著非常厲害的蒐集資訊技能，卻無法對敵方領導人利用戰爭的真實意圖提供重要警告，也完全無法了解敵方戰爭目的為何。

戰爭結束後，我重讀所蒐集的各項資訊與根據前者所提出的報告，試圖找出關鍵轉折點，即我們犯下大錯的時刻。情報單位稱之為「極為重要的資訊」（Golden Piece of Information），就是某個我們讀過卻未能理解的關鍵訊息。結果，我非常震驚又羞愧。這並非大海撈針，也不是一則難以發現的隱晦訊息，我們誤讀的報告數量之多，遠超想像。

我整個職業生涯所累積的認知瞬間崩解。我所受的訓練，以及我曾教授給一代又一代情報官員的知識，全都變得毫無意義。過去，我們一直假設：理解現實的關鍵在於理解我們所掌握的情報，只要蒐集得夠全面、分析得夠深入，我們就能預防任何突發事件。然而，這個信念如今澈底崩潰。我突然想通了，卻不知如何訴諸文字。但思考得越多，我越是覺得這不僅給情報組織上了一課，同時也可以提供重要的人生教訓。

數據不足以阻止既有認知顛覆。我們需要重新架構我們的思維模式。我們的觀

5. 因為世界不斷地變化發展，我們不可能永遠保持在「完美資訊」的狀態。「我們對世界的認識」比起「世界的真相」總是稍微少了些。

點決定了我們如何詮釋接收到的數據。

誠如先前我已提過、但值得再次強調的，我們傾向於賦予符合既有思維模式的數據更高的判斷價值，而對違背我們既定觀點的資訊則給予較低的價值，甚至完全忽略。至於那些既可符合我們觀點，又能從不同角度解讀的數據，我們往往會視其為強化自身信念的依據。這種認知習慣源於我們內在的刺蝟型思維傾向，而我們都因此付出了沉重的代價。

筆記6

韋伯斯特的軼事

諾亞·韋伯斯特（Noah Webster）是知名的韋伯斯特字典的編者，他就是非常勤奮的刺蝟。編撰字典需要長年專注於同一項工作，投入極大的精力，絕不能分心。這種工作並不適合狐狸型思維的人，而如同前面所述，韋伯斯特是典型的刺蝟。

據說，韋伯斯特某日遇到一位年輕美麗的女子，陷入愛河，隨後結婚了。但身為典型的刺蝟，他並沒有耽擱工作太久。過了一段短暫的蜜月期之後，他重新投入編撰字典。韋伯斯特每天一大早就離開家，很晚才回來。他對這樣的生活感到開心滿足，而且深深相信自己婚姻很穩固。他未曾試圖更進一步認識他的妻子，也不關心她的需求與渴望。漸漸地，他的妻子學會了將就過日子。

某日，韋伯斯特因頭痛而提早回家，結果發現妻子與男管家躺在床上。他的妻子說：「你嚇到我了」（You surprised me）。他回她：「而妳讓我震驚至極」（You astounded me）。

韋伯斯特對於用字精確這件事格外敏感。他注意到自己所經歷的驚嚇與妻子不同，因此使用了更能貼切描述自己感受的「震驚」（astoundment）一詞。儘管他知道如何使用更精確的字描述情況，卻無法處理眼前這令他震驚的危機。

韋伯斯特太太的「嚇到」只是一種情境上的問題。倘若她把房門鎖起來，她丈夫就得敲門，有了這樣的警示，她就不會被嚇到。她的嚇到是因為缺乏資訊之故。因此，這件事情帶來的教訓是：下次，要更小心點。

另一方面，遭背叛的丈夫面對的則是本質上截然不同的問題。他的「震驚」暴露出他一直以來的思維模式與現實完全脫節，而這一切卻在他毫無察覺的情況下發生。他需要學習的並非單純的經驗調整，而是「顛覆既有認知的再學習」（Fundamental Relearning），即他對於自己的婚姻抱持的認知想像完全錯誤。他用以詮釋人生的思維模式，也在瞬間崩解。

從本質上來看，諾亞・韋伯斯特需要進行的再學習完全不同於他的妻子得要進行的。韋伯斯特太太要學習的是「情境教訓」（situational lesson），意即意外是發生在她的思維模式之中。這樣的情境學習通常很快速，而且能減少未來再被嚇到的機會。相反地，她的丈夫得要進行一種漫長又痛苦的根本性改變思維模式的過程。這是非常難以接受的事情。難怪韋伯斯特先生會想要否認、迴避它。我們可以想像兩人隨後的對話。韋伯斯特先生會問：「是不是管家強迫妳？」而她會回答：「不，是我主動的。」他可能會試圖安慰自己，認為這只是一次性的意外，於是接著問：「還有其他次嗎？」她只回答：「你實在盲目到讓我驚訝。你太專注於編寫字典的工作，而忽略了你很早、很早以前就該看到的東西。你從來不注意其他事情……你的眼中只有你和你的字典。」

這時，韋伯斯特才開始回想那些發生在他與妻子過往生活中的各種小小意外，那些讓他們漸行漸遠的原因。但當時的他毫無察覺，因為這些跡象與他一直以來抱有的認知不相符。

到了這個時候，韋伯斯特顯然無法忽視重新審視與重塑自身信念的必要性——這意味著，他必須拋棄那些一路以來引領他過日子的錨點。然而，儘管學識淵博，他卻從未學過該怎麼做到這一點。他是一名刺蝟型學習者，這讓他能深入鑽研某個領域，有助於編寫字典工作，卻無助於他進行顛覆既有認知的再學習。韋伯斯特先生是個勤奮的刺蝟，但刺蝟型思維的人即便學識淵博，仍得要非常努力才能擺脫並放棄自己的理論與信念。

這故事還有個後續。與出軌的妻子離婚數年後，韋伯斯特先生再次愛上一位年輕學生。他們結婚了，至於結局……你大概能夠想像得到：「某個晴朗的日子，韋伯斯特先生突然頭痛欲裂，於是提早回家……」這正是刺蝟型思維者的宿命——一次又一次地遭遇既有認知顛覆，而教育與知識並不能幫助他們學會如何應對這些驚訝。

筆記7

二十一世紀的既有認知顛覆

在以色列人心中，關於「既有認知顛覆」（the Fundamental Surprise）最典型的創傷經歷是「贖罪日戰爭」。

而在美國人腦海裡，甚至是世界上大部分人的腦海裡，最深刻的「既有認知顛覆」創傷經歷是二〇〇〇年的「九一一事件」。世界各地的人盯著電視畫面中那架從蔚藍天空中衝出的飛機，宛如托爾金筆下那帶著毀滅力量的暗黑飛行生物，撞向世貿中心北塔。當第二架飛機撞上世貿中心南塔時，大樓下方的目擊者驚恐地大聲呼喊「喔，老天」。為了逃離雙塔的烈焰地獄，有人選擇跳樓。最終，雙塔像紙牌屋一樣崩塌。五角大廈亦陷入熊熊烈焰之中。

電視螢幕隨後切換到另一個畫面：美國總統坐在教室裡為孩子們朗讀《我的山

羊寵物》時，接獲這場災難的即時簡報。

正是這個畫面，充分展現了「世界最強大國家」的領袖——本應是全球秩序的堅定捍衛者，卻對這場既有認知顛覆毫無準備。在他的思維中，這樣的事件是不可想像的。

在大多數人記憶中，既有認知顛覆清單上還包括美國於二〇〇七年七、八月間爆發的次級房貸危機，隨後於二〇〇八年九月惡化成為自一九二〇年代與一九三〇年代發生經濟大衰退以來，最嚴重的世界級金融危機。此外，造成全球（至二〇二二年春季）五億一千四百萬人人感染，六百二十三萬人死亡的新冠病毒大流行，無疑地也應列入清單。與所有既有認知顛覆一樣，這場危機並非毫無預警。早期就出現了警訊，預示著災難的到來——部分人士曾發出警告，也有報告指出，應對這類危機的經濟與醫療系統存在嚴重缺陷。

除了那些深刻烙印在我們腦海中、具有創傷性的全球或國家級既有認知顛覆，這種現象其實存在於生活各個層面中。在商業與管理領域，學者已意識到組織階層裡的既有認知顛覆所帶來的威脅，這些突發變數，在技術領域被稱為「破壞式創新」（Disruptive Technologies）[6]，在組織策略領域稱之為「策略轉型點」

（Strategical Changing Point）[7]，在金融與股票市場則稱之為「黑天鵝現象」（The Black Swan Phenomenon）[8]。這些名稱都點出同一個核心需求：我們需要發展出更敏銳、適應性更強的思維模式。

當既有認知顛覆發生時，樽節支出、裁員或降價等方式已不足以應付。這類既有認知顛覆無法透過「科學管理」的邏輯解決。[9]單純以更有效率的方式執行已經在做的事情，已經無法應對這種層級的挑戰。

以科學管理原則運作的大型組織，一般會逐漸變成「刺蝟型組織」（Hedgehog Organization）。從上而下的管理原則，以及演繹和歸納邏輯，使他們無法看見迫近的既有認知顛覆事件，在這類危機發生時，也無法有效處理。

---

6. Bower, J. L. (January–February 1995), and C. M. Christensen. "Disruptive Technologies: Catching the Wave." Harvard Business, .
7. Andrew Grove, (1988) *Only The Paranoid Survive*.
8. Nassim Taleb. (2009) *The Black Swan*.
9. Taylor, F., W. (1911), *The Principles of Scientific Management*, New York, NY, USA and London, UK: Harper & Brothers.

許多與眾不同的領導人，能成功注意到顛覆性改變的初期警示徵兆，從而發展出全新的商業模式，以應付新的現實。英特爾執行長安迪・葛洛夫（Andrew Grove）在《十倍速時代》（*Only the Paranoid Survive*，暫譯）一書中提到：「殘酷的是，當你發現自己身處於策略轉型點的風暴之中，唯一能協助你度過風暴的只有你的勇氣與直覺」。

這些情況需要的就是狐狸型思維，而葛洛夫就是位狐狸型領導人。他回憶，當面對關鍵抉擇時，他會刻意離開辦公室，遠離助手與下屬經理提供的建議。取而代之的是，他會親自拜訪競爭對手的公司、與各類供應商與客戶交談，並與形形色色的人交流，細細思考他們分享的見解。他不斷尋找那些自己已經隱約察覺，卻尚未完全理解的趨勢與訊號。

既有認知顛覆不只是領導人與經理需要關注的事情。這是我們每個人都該關注的議題。在我們的私人生活中，我們也常常受困於過時的認知模式，而這些模式早已不適用於我們所處的動態現實。

問問自己，你的人生到現在經歷過幾次轉型期，就是當新的前景不明，你原有的思維模式也沒辦法幫助你釐清之際。

我們會經歷許多次重大轉型的情況。例如從童年邁入青少年時期、從青少年邁入成年時期、入伍從軍時、從單身到已婚、成為父母、經歷離婚、遭到裁員、退休、罹患重病、失去伴侶，以及其他情況。這些都是我們努力重新架構與重新定義自我的重大轉型點。

這些變化一件接著一件，同時還伴隨著快速且顛覆性的科技、經濟與政治變遷，對我們的生活造成各種衝擊。

我們需要啟動我們的狐狸型智慧與思維能力，以辨識生活中改變的現實，讓我們安然度過變化。

然而，刺蝟型思維者往往將人生中遭遇的既有認知顛覆，視為單純的意外情境來處理，並被已不再適用的思維模式所囿。然而，狐狸型思維者能夠及早辨識出這些既有認知顛覆，然後逐漸調整自己的思維模式，以符合迫近的現實。

那麼，他們是怎麼做到的呢？

這將是我們接下來要探討的主題：狐狸型智慧。

PART 2

狐狸型智慧

筆記8

狐狸能找到不是原本找尋的事物

高齡的我回看人生，發現自己的人生旅途並未按照計畫而行，而更像是一場由境遇引領、超乎想像的旅程。意識到這一點之後，我開始檢視朋友們的人生，同樣發現許多意料之外的轉折。但當我進一步深入探究時，很顯然許多與我年紀相仿的人對於過去遭遇的轉折與機會感到遺憾，因為當時他們未能辨識這些事件的本質。注意到預期之外的事物並加以利用是需要特別的智慧，而這即是狐狸型智慧的特徵。

在許多情況下，我們能從民間故事裡發覺共通的人生智慧。發掘不是原本找尋的事物的能力被稱為「偶然智慧」（Serendipitous Wisdom），源自於《錫蘭三王子》（The Three Princes of Serendip）這個古老故事，而錫蘭（Serendip）是斯里蘭卡（Sri Lanka）的古名。這個故事講述三位王子找到了一些他們原本並未探尋之事物的故事。

「偶然力」（Serendipity）的概念在科學界廣為人知，指的是那些意外發現的成果，即所謂的「機遇」（happenstance）[10]，這種現象在科學研究中屢見不鮮。

自阿基米德首次呼喊「我找到了！」（Eureka），到牛頓與他的蘋果，再到天花疫苗、盤尼西林、避孕藥、鐵氟龍等發明，這些重要的科學突破無不源於「偶然力」。「偶然力」是一種潛藏於我們每個人之中的狐狸型能力，但大多數的人未曾察覺「偶然力」的存在和價值，因此從未積極運用它。

「偶然力」是指發現我們沒有預料到的東西的洞察力和樂趣。正是它創造了對遙遠未知的土地旅行的原始渴望，以及當我們發現自己對那裡知之甚少時不斷增長的樂趣。當我們找到一本帶我們進入意想不到的魔幻王國的書時，也能感受到同樣的樂趣。

在最顯著的形式中，偶然力現象也能解釋為什麼我們喜歡逛購物中心與市集。寬敞又不斷更新的各類商品，產生我們會看到預期之外的品項的錯覺，即超出我們起初要購買之物的範圍。

宜家家居（IKEA）深知如何利用此項特質來最大化其收益。它為大眾提供了偶然力的衝動。我記得有一次，我去其中一家分店買沙發，但走出來時卻帶著兩張扶手椅和一張長凳。換句話說，我到這家店的原因是以出乎意料的方式解決。當我離開家裡時，我已決定要買一張沙發，但走進宜家家居後，該公司利用這項特定需求，將其他豐富品項擺在前往沙發區必經的如迷宮般的走道兩旁，讓我的目光落在那些原本沒打算購買的物品上。

狐狸型偶然力源自於我們對未知的渴望，但遠不止與此。不同於「宜家宜居的偶然力」（IKEA Serendipity），它早於不斷準備與獲取知識的過程，以及提出無法清楚定義、只能由偶然發現才能釐清的開放性問題。狐狸踏上發現之旅時，總帶著準備好的心態與開放性。法國科學家路易・巴斯德（Louis Pasteur）曾說，機會只留給有準備的頭腦。

有準備的頭腦是一種刻意的思維模式，即能理解我們所遇到的問題可能會因為

10. 更多關於科學領域對偶然力的討論，請參見 Kantarovich, A, (2002) "From Amoeba to Einstein," Haifa University and Zmora-Bitan Publishing House.（以希伯來文寫成）。

出乎意料的原因而出現意外轉折。這樣的頭腦對新體驗抱持開放態度，當我們帶著開放性與覺知遇到新機會時，能獲得雙重理解。第一，是發現與理解我們所遇到的意外情境的意義；第二，是對最初遇到的問題產生新的詮釋。

狐狸型偶然力也具有從其他情境，甚至有時從過去經歷過類似問題的人身上「偷取」的特徵。狐狸利用了先前刺蝟努力汲取的知識，但總是會進一步超越前者，並將意義應用於他們的追求之上。這不僅僅是「偷取」，而是「創造性的偷取」（creative theft）。它不只是簡單地挪用既有概念，而是將其重新置入新的情境，使其在本質上產生變化，從而創造出新的洞見。我自己也從他人身上「偷取」了偶然力的概念，但賦予新的意義。我之前從一份討論科學發現的學術文章裡得知偶然力的概念，但我改變它的意涵，將其重新詮釋為狐狸型智慧的一種特質。

網際網路為此類虛擬的偶然之旅創造新的領域，但也提供我們快速、粗淺的網路搜尋，這可能會讓每一次的探索變得像一場膚淺的宜家宜居之行，就像放在街燈下的錢幣，你很容易就能看到它。但狐狸型偶然力並不是這樣的，它更像掃羅王（King Saul）的故事——他原本要去找尋驢子，最終卻成為君王。這般「幸運」只會發生在那些為「既有認知顛覆」做好準備的狐狸身上，無論是正面的機遇還是負面的挑戰。

當我意識到很多人，即便是受過良好教育的人，也往往難以從微小的既有認知顛覆中體驗到偶然力時，我感到十分驚訝，儘管這些意外無時無刻不在發生。這些意外在個人發展中扮演重要角色，其中蘊含著開放性與探索的機會。

不是每位研究員在清理實驗室老舊培養皿時都會注意到棉棒染上黴菌，但盤尼西林的「發明者」亞歷山大・弗萊明（Alexander Fleming）卻會。他注意到了一個無法用既有知識解釋的現象，因為他的思維已經為偶然做好了準備，並且對既有認知顛覆保持開放。這是刺蝟型科學家無法察覺，也不會發現的事情，而這發現改變了現代醫學界。

本書的誕生，也源於我在「贖罪日戰爭」期間的一次偶然經歷，這經歷無法被限制在學術研究的領域，因此引領我踏上另一場讓我發現他人與自己的狐狸型特質的偶然之旅。

筆記 9

我的偶然之旅

讓我認識內在狐狸型特質的旅程，始於一九七〇年代的「贖罪日戰爭」。這是一場痛苦的覺醒——我的刺蝟型思維框架在這場戰爭中澈底崩解，而我曾經堅信不疑的認知也隨之破碎。這是我人生的轉折點，這之後所有事情都變了，並延展到不同的領域。

狐狸型的思維方式，從來不會讓你回到原點。即便你滿載而歸，所獲得的也往往不是你最初尋找的答案。你可能出發時懷抱著某個問題，但在旅途過程中，所發現的事物卻未必是原本的解答。相反地，它可能引發全新的問題，進而推動你踏上一段截然不同的探索旅程。在過去五十多年裡，我經歷了一場又一場這樣的旅程，每一趟旅程都帶領我進入下一段偶然之旅。最終，我決定寫下這本狐狸型的書——

一本關於狐狸與刺蝟的書。

起初，這趟旅程的目的是為了找出能幫助以色列情報界避免落入既有認知顛覆的陷阱的方法。但當我繼續探索時，發現既有認知顛覆也出現在政治、金融、社會與個人層面。這樣的發現使我想要拓展與改變狐狸型研究的界線。

這樣的認知讓我放棄情報工作，離開以色列國防軍，開始體驗與學習的新人生之旅，探索二十一世紀生活中既有認知顛覆現象扮演的角色。

我認為深入此議題最好的方式是進入大學進行學術研究。當時，我已經擁有碩士學位，因此決定撰寫一篇博士論文，主題聚焦於「贖罪日戰爭」與其帶來的教訓。為此，我尋求備受尊敬的學者雅胡修法特・哈雷奇比（Yehushofat Harechbi）教授的幫忙。我從他擔任軍事情報局局長時就與他熟識，後來他為了學術研究而離開情報界。我試著說服他擔任我的導師。

當我忙著博士研究入學必要的學術手續時，一件小型既有認知顛覆讓我轉向預期之外的方向。事實上，是一件情報失敗招來我當時沒有在尋求的機會。阿格拉納特委員會（Agranat Commission）的設立是為了調查造成「贖罪日戰爭」初期軍事失敗的原因，尤其是軍事情報局無法提供適時預警的原因。該委員會隨後建議在外交部與摩薩德（The Mossad）[11]內成立額外的情報研判部門，認為這樣多重研究系統將能幫助避免未來出現類似的既有認知顛覆。

時任以色列外交部長的伊加爾・阿隆（Yigal Alon）一邊在外交部尋找適合帶領新委員會的人，同時也諮詢哈雷奇比教授關於誰能擔任此職務。或許是對我們先前的對話留下深刻印象，哈雷奇比教授因此推薦了我。

我收到命令前去與阿隆部長開會，在會議中，他請我擔任新研究機構的首長。但是，我坦承自「贖罪日戰爭」的經歷後，我不再相信傳統的情報方法學，所以計畫進行探索全新方法的博士研究。阿隆向我解釋，這項嘗試對國家安全來說至關重要，還建議我先將計畫延後，先利用我的知識幫忙建立新部門。我同意這樣做，但有個期限。我不後悔這個選擇，因為這反而讓我親身經歷到政治與社會領域的既有認知顛覆。我的理解擴張、跨越了情報問題的領域。我發現自己處理的是共通現象，而且是過去到現在尚不明瞭的議題，而此議題在生活各個層面的重要性不亞於在情報工作上。

11. 編註：以色列情報機構。

從那時起，我的旅程開始在一次次的發現與各種出乎意料的經歷中展開，這些經驗總是偏離預期的道路，但我從未後悔過。除了學術工作，這些經歷還包括短暫的外交工作；管理一家從機械轉型為電子科技的公司；創立「實踐研究機構」（Praxis Research Institute）；與以色列國防軍的菁英單位進行多樣化的實地研究與戰略研討；與新加坡高層官員和智利政府的高層人物合作；為政府機構、企業及社會組織提供諮詢，並參與一項國際研究以尋找避免災難的新方法。

我個人生活中也同樣出現了不可預測的轉折，引領我投入令人著迷的理論與實驗研究。

我試著把每一次轉折當成偶然力發現之旅。當某扇門突然在我面前關上時，我相信它會關上是因為這樣新的門才會開啟——是舊有選項還可行時，我不會注意到的可能性。這些轉折會出現，是因為我遇見有趣的人們，以及透過對自我與周遭環境意外的內在發現而來。

當我開始攻讀博士學位時，我原以為這是一場探索既有認知顛覆現象的旅程，但我很快發現這顯然不是單一廣大的主題與理論，而是在許多不同主題與理論之間的轉換。與嘗試建造巴別塔（Tower of Babel）類似，那些建造者認為自己已經到達天堂，但總有某種力量會粉碎這座超級高塔。我所經歷的，正是在一系列「小型理論」之間來回穿梭的過程——它們彼此獨立，皆不完整，但同時又各自具有其價值與意義。然而，即便如此，這些零散的理論仍共同指向了一個遠超其總和的更深層意涵。

我在一九八〇年完成博士論文，於一九八二年出版《既有認知顛覆：情報危機》（*The Fundamental Surprise—Intelligence in Crisis*，暫譯）一書。這本書以及隨後發表的相關文章，在以色列情報界引起了極大關注，自此，書中的教訓也逐漸體現在情報工作的實踐中。然而，我仍然感到一絲遺憾——有某些重要的東西被忽略了。成就這一切的「狐狸型智慧」，始終未能得到充分的表達與闡釋。

我曾在特拉維夫大學（Tel Aviv University）教授策略性思考，並成為該大學策略研究中心的高級研究員。

然而，狐狸型特質持續在我心中作祟，讓我開始懷疑，這個本質上全然刺蝟式的學術生涯，真的是最適合我的道路嗎？我努力嘗試了幾年學術生活，就像所有學者一樣，撰寫論文並參加學術討論，但我始終無法真正沉浸其中。我發現我並不適合學術生活。儘管我熱愛深入鑽研各種理論，卻不認為單憑學術方法就能解決那些深植於我內心的狐狸型問題。我覺得，我必須透過與人們和案例的互動來找尋答案。於是，我辭去大學教職，轉而成為獨立研究者，並以訪問學者的身分，在以色列及海外的不同研究機構繼續我的研究之路。

一九九四年之際，我創立了實踐研究機構，一間聚焦在既有認知顛覆及其成因與影響的研究與諮詢機構。機構運作模式以狐狸型偶然力為基礎，靈活遊走於理論與實用性之間。我們處理許多涉及安全、社會、商業與個人事務的案子。這帶來了許多小型既有認知顛覆，並為我們開啟一場又一場的偶然之旅，直到今日仍是如此。最終，我們發展成一個狐狸型思維的團隊，我們採取行動、鼓勵並指導他人，讓他們也能發展出自己的狐狸型群體。

筆記10

狐狸的自由

在我看來，狐狸象徵自由與解放。狐狸主動挑戰思維的桎梏，打破那些既定的選擇框架，超越現有的認知範圍，找到屬於自己的路。這與按照既有規範或框架思考和行事的刺蝟相反。狐狸掙脫束縛、獲得解放，而刺蝟依舊被困於固有的模式中。

當我們能夠自主創造解決問題的方法，並探索超越「外界」所提供的選項時，才能真正體驗到最純粹的自由——突破既定的限制，跨越被允許的界線，甚至打破那些被視為不可逾越的藩籬。

這就是探索的魔力，我們在童年時曾深刻體驗，卻往往在成年後逐漸遺失的東西。當我們閱讀《小王子》、《小熊維尼》或《愛麗絲夢遊仙境》這類充滿奇幻色彩的書籍時，這種感覺會重新浮現，因為這些故事擴展了我們對現實界限的認知。偶爾，我們會回想起那些故事帶來的魔力，試圖再次抓住它——但它總是悄然從指縫間溜走。

在我的家鄉特拉維夫市，從雷丁（Reading）到特拉巴魯赫（Tel Baruch）之間，有一座迷人的海濱公園。沿著濱海步道佇立著一些告示，提醒行人與單車只能行走在與水線平行，距離約數十公尺的步道上：「種植於此區域的沙地與海岸植物是為了保育日益減少的植物。請走在指定的道路上。」

我確實希望遵守這些指示。沙灘與海岸植物讓我想起童年，那是一幅如今已不常見的景象。如果我是刺蝟型思維者，我會順從標示的要求，像其他人一樣，沿著市政當局規畫的步道行走。然而，每逢周六，海濱步道總是擠滿了人潮，行人與單車並行，讓我無法真正享受這片無盡的藍色天際線與潮水輕拂金色沙灘的韻律。身為狐狸型思維者，我問自己是否有不破壞植被，又能避開人群的方法？很快地，我發現了答案。那條狹長的海陸交界地帶，海水沖刷出的沙灘區域，正是最穩固、最適合行走的地方。海浪洗刷著沙灘，使其變得堅實平穩，步行其上毫不費力；而對環境的影響也微乎其微。那裡沒有植物，甚至連我的腳印都會被海浪抹去，不留任何痕跡。然而，這片交界地帶也是一個需要保持警覺的地方。海浪沖刷之處經常改變，一不注意，我的鞋子就會被浪打濕——在冬天，穿著濕透的襪子可不是什麼愉快的事。這段體驗，讓我不禁聯想到海浪與人生的關聯。這條「交界地帶」成為一個令人深思的地方，讓我對個人的生命意義，甚至生命本身產生新的體悟。事實上，你不必是哲學家，也能體驗在陸地與海洋交界、不斷改變之地所引發的深層思考。

無論什麼季節，我都喜歡在海灘上散步，但冬天是我的最愛。只有在冬天，那種「介於陸地與海洋之間」的感覺才最鮮明。那時，你能感受到真正的自由。你知道，當海浪帶走你時，一切就將結束，而那將會是一個美好的結局。

沿著「交界地帶」行走，總是能引導狐狸體驗這一切，同時也提醒我們，每隻狐狸都有能力在生命中開創獨特的道路和命運。當我們接近終點時，它能帶給我們安慰和幸福感。正如法蘭克．辛納屈（Frank Sinatra）在歌中唱出了許多和我有相同感受的人，在回顧自己的一生時所希望表達的：「我用我自己的方式完成了這一切」（I did it my way）。我在已知與未知、預期與非預期之間開闢出自己的道路，並在其中找到了獨特且引人入勝的方向，讓我能夠自在前行。

偶爾我看著在步道上的路人，他們能見到海岸線與沿著海岸線行走的我，但他們仍堅守刺蝟型的步調，他們錯失了狐狸所擁有的自主和自由。

筆記11

狐狸的萬能鑰匙

還是尚未就學的孩子時，我們天生就以狐狸的方式思考與行動。我們的思維和人格在不斷的探索和嘗試中發展，並努力掙脫周圍大人加諸於我們的框架，不讓他們限制我們的想像力。

這種方式支持了我們的成長，但當我們進入學校體系後，我們逐漸失去了這些天性。在學校裡，我們被迫以邏輯的方式思考，並將知識畫分到不同的科目框架中：數學、文學、聖經研究、歷史等等。

刺蝟能全盤接受這種思考方式，然後為了取得理想學位，繼續在大學裡深化此習慣。倘若他們之後想進入學術界工作，這樣的思考方式將在餘生中持續深化。我們大多數人不會選擇進學術界工作，但大多數機構仍期望我們採用這樣的思考方式。然而，狐狸們會反抗這種方式。他們不適合在組織工作，也不適合隨之而來的系統性思考。他們思考和行動較少受到任何系統秩序的約束。他們思考與行動方式比較像小偷。

一個想撬鎖入室的小偷，不需要系統性地學習鎖和鑰匙的製造原理。他們只需要知道如何根據自己的需求，打造一把萬能鑰匙。

千萬別小看小偷打造鑰匙所需的智慧。這不僅僅是偷竊，而是創造性的偷取。他們必須具備靈活的思維，有時還需要豐富的創造力，遠超過組織性學習所需。因此，他們得為了特定目標與情況，收集必要資訊。

狐狸以主動、充沛又有創意的方式建立他們所需的知識，在各種知識來源中遊走，直到找到與自己相關的資訊。他們善用廣泛學習的能力，接著再深化最感興趣事物的知識。他們能進行這樣的深化過程全是因為沒有研究界線，他們的好奇心總是敞開著接受各種擴展與改變。

這些思想自由的特質，最常見於藝術家與創作者身上。畫家畢卡索（Pablo Picasso）曾在闡明此特質與藝術家的關係時說：「優秀的藝術家抄襲，偉大的藝術家偷取。」對於取得重大進展的科學家來說，這樣的想法也很重要。他們也從他人身上「偷取」知識，並把「偷取之物」轉化成自己的科學發現。愛因斯坦（Albert Einstein）也暗示說：「創意的祕密即是知道如何隱藏作品的出處。」

說到此，我必須承認「萬能鑰匙」的概念，也是我從深具影響力的教育哲學家恩斯特・馮・格拉瑟斯菲爾德（Von E. Glasersfeld）[12]的著作中偷取並轉化而來的。他將孩童思考與學習過程的天賦比喻成萬能鑰匙。

建構主義（Constructivism）是一種教育理論，用來解釋孩童如何依循天性主動學習與蒐集知識。它不將學習視為被動接收知識的過程，而是一種互動式的建構過程，其中學生的主動參與和教師的引導同等重要。

當建構主義被應用於學校學習環境的設計時，研究者發現，孩童透過探索自己感興趣的事物，能夠建立充滿創意且豐富的概念結構。孩童的學習動力源於好奇心，並受到個人知識發展的內在驅動。因此，無視孩子真正感興趣的事物、單純依據學校制訂的課程來教學，並無太大意義。

12. Glasersfeld, E. von. (1983), *Learning as a constructive activity.* In: J. C. Bergeron & N. Herscovics (ed.) Proceedings of the 5th Annual Meeting of the North American Group of Psychology in Mathematics Education, Vol. 1. Montreal: PME-NA, 41–101.

這種建構主義思維原本是我們與生俱來的，但長大成人之後，我們反而無法再像孩童般自然地運用它。

這種狐狸型思維和行動方式，不僅僅是像畢卡索和愛因斯坦這樣的藝術家和偉大思想家才擁有的特質。我們每個人身上都有這種潛力。它不僅僅能用來建立新的理論、開發新產品，或是創造藝術品。我們也可以，而且應該運用這種建構式的思考、學習和行動方式，來處理日常生活中遇到的各種問題。

在我和我的會計師的一次會面中，他向我解釋說，我沒有理由再保留我的車了。當把稅務計算考慮進去，再加上維修費用不斷增加，保留這輛舊車已經沒有任何意義，所以我應該買一輛新車。這樣，我既能享受新車的好處，又能透過所得稅來抵免部分花費。是他的會計軟體完成了計算，並因此發現保留舊車「不划算」。

我通常會聽從會計師的建議，但這次不知為何，我覺得他的意見與我的感受不一致。

會計師認為舊車已成為財務負擔，建議我買輛新車替代。以前，購買新車這件事可能會讓我感到興奮，這次卻沒有。對我來說，這個自我察覺是件小型的既有認知顛覆。我決定放棄買車，從今以後只走路、騎單車、搭公車、計程車或火車。

如果我是刺蝟，我可能對會計師估算我能省下的錢感到滿意。

但是，當我拒絕以財務邏輯來看待這場內心的覺察時，我發現走路與騎單車已經改變我對生活的看法，只是我過去未曾注意到。它改變了我與身旁的人與景物的關係。這樣的關係，不同於你坐在車子裡透過擋風玻璃觀看周遭事物的感受。

騎單車也改變了我對時間的態度。在車裡，時間是以已經駛過的距離、剩餘的路程，以及是否能準時抵達來衡量的。在這種狀態下，你的視野只剩下道路、十字路口、紅綠燈與其他車輛，而你與這一切的關係，僅限於交通規則。但當你騎著單車，風輕拂過臉頰，樹葉搖曳，身旁不同的人映入眼簾，你會開始真正注意到他們，並將每個人視為獨立的個體。

你與時間的關係變得更加流動，你學會享受時間的綿延，提升感受與欣賞微小事物與細節的敏銳度與能力。正是這些細膩的感受，帶給我平靜與快樂，而這是我開車時無法體驗的。

所有這些都幫助我「離開車子」，無論是比喻上的還是實際上的。藉此，我開始意識到騎單車帶給我的生活意義，以及它如何改變我的思維看法。我也學會將上述經歷所帶來的啟發運用在更重要的層面上，例如打破那些已經不再適合自己、卻根深蒂固的習慣。

這是大家都有的技能。我相信，只要稍加努力，你能用與你相關的事物來代替我舉的單車例子，而這些相關事物是我在撰寫此書時無法想像到的。

筆記12 狐狸是不理性的嗎？

杜克大學行為經濟學教授丹．艾瑞利（Dan Ariely）在其著作《誰說人是理性的》（*Predictably Irrational*）中提到，他還是學生時的一則小故事。[13]某位老師主張女性耐痛程度高於男性，因為女性將會經歷生產的終極疼痛體驗。艾瑞利決定檢驗這個說法。

艾瑞利召集學生，其中有男有女，請他們把手浸在一盆非常燙的水裡，計算誰能留在熱水裡比較久。實驗結果得出：女性比男性更快將手從水盆裡縮回。

在下一堂課上，艾瑞利講述了實驗結果，老師的反應卻出乎他意料：「你唯一

13. Ariely, Dan. (2008), *Predictably Irrational*, Harper Collins. ISBN 978-0-06-135323-9.

證明的是男人是笨蛋。誰會把手浸在過熱的水中？」

透過這個故事，艾瑞利強調了一個事實：無論如何，我們總是堅守自己的認知，即使事實擺在眼前，也不願改變。他在書中用了這個例子與其他有趣的短篇故事，來證明他的主要論點：人類是非理性的生物。

我想從不同角度來探討這則小故事。我認為，它巧妙地展現了狐狸型思維的一個重要特質：與刺蝟型思維不同，刺蝟傾向使用二分法的理性思維，以線性、非黑即白的方式來解釋一切；而狐狸的世界觀則包含多種互補的理解方式，使其能夠以更靈活的視角來審視問題。正是這種特質，讓狐狸能夠提出超越既定論述框架的全新解釋，發掘那些刺蝟型推理所無法察覺的可能性。

刺蝟型思維傾向於使用二分法邏輯來檢視論點——正如艾瑞利在前述事件中的做法。相較之下，狐狸型思維則會從不同角度切入問題，甚至從「側面」來挑戰這一論點，這就是所謂的「溯因推理」（Abductive reasoning），其邏輯不同於「歸納」與「演繹」。這就是艾瑞利的老師所展現的，她用狐狸型的推理方式，以更複雜的邏輯來回應艾瑞利的理性主張。（順帶一提，我一直以來都覺得女性比男性更擅長狐狸型思維。）

從這個角度來看，艾瑞利的結論未必是正確的。他認為教授的反應證明了即使面對經過科學方法驗證的鐵證，人類仍不願改變自己的想法，但這一說法本身可能存在問題。畢竟，教授的回應源自不同的邏輯視角，其立論基礎與艾瑞利的推理方式並不相同，這使得他的實驗結論站不住腳。對教授來說，這實驗僅顯示男性比起女性更容易上當，並且更願意為愚蠢的探險而冒險。而我願意打賭，這個說法極有可能是正確的。不過，女性在面對有價值的目標和正當理由時，也同樣願意承受極大的痛苦，比如生育。教授的回應可謂一針見血：「如果這種疼痛真的有意義，你們就會看到女人的真正能耐。」[14]

在科學實驗裡，對爭論兩方立場進行激烈反論是合乎邏輯的。然而，現實生活卻不是這樣運作的。現實生活往往會從不同面向提出反論，啟動一種截然不同的推理方式。

14. 就這點而言，我傾向同意她的說法。她就行為實驗是否足以讓我們理解生活中更為複雜的面向，提出許多問題。然而，值得肯定的是，艾瑞利對於性別與痛覺耐受度的關聯，以及其是否與生育經驗相關這個議題，至今仍是一個開放的討論。

這種邏輯的實際運用，談判專家最清楚。他們經常要處理這種情況：即使居中調停，對立雙方仍然各持己見、毫不退讓。要化解這種僵局，就要跳脫原本的對抗框架，從其他角度提出新的論點。如此一來，雙方才有機會發現新的共同戰略利益，進而透過合作，降低對抗的阻力。

柔道的基本原則就是不要硬碰硬。柔道高手會用出人意料、另闢蹊徑的邏輯，化解對手的攻勢。辯論也是如此。刺蝟試圖用邏輯說服對方、鞏固己方觀點，而狐狸則明白，要改變別人的看法，邏輯說服並非唯一手段，更重要的是改變對問題的認知，當問題以全新的方式闡述，人們才有可能跳脫原有的思維框架，進而產生不同的理解與立場轉變。

我有位從事農業的朋友，他在這個普遍被認為很難致富的行業裡，賺了很多錢。他跟我說，當他決定退休並把農地留給兒子時，他給了兒子一個建議：「看看村子裡其他人種什麼和怎麼種，然後你就種不一樣的東西，而且要用不一樣的方法種。」請注意這個建議的關鍵：不僅要種不同的作物，還要用不同的方式栽種。

我一直很欣賞這位朋友的狐狸型思維，他總能靈活結合農業實務與植物學最新發展，並時刻關注最新農業技術的應用。此外，他與海外經銷商保持密切聯繫，這與大多數習慣透過大型中盤商銷售產品的農民做法截然不同。雖然他未曾明確表達「以不同方式經營」，但從他的言談間，我已經領會了他的用意。而在農業領域，這絕非無關緊要的細節。農民往往會相互模仿，選擇種植上一季市場表現良好的作物，卻忽略了創新與差異化的重要性。

狐狸的思考方式是避免跟大家在相同的地方找解方，而是超越既有知識框架，以不同的邏輯探索全新的解決途徑。

筆記13

狐狸的溯因推理

前則筆記裡，我透過小故事傳達訊息。在本則筆記裡，我將進一步延伸前述論點，即狐狸型溯因推理是理性的。運用科學方法的人可能會認為，狐狸型溯因思維與理性的科學判斷相悖。這種說法需要釐清。

科學理性解釋以兩種邏輯形式為基礎：演繹判斷邏輯與歸納判斷邏輯。在演繹法中，我們從通則推論到個案。從「天鵝是住在湖邊的大型白色水鳥」的規則，我們能推論出在湖前面的大型白色水鳥是隻天鵝。

在歸納法中，我們從觀察得到全貌。如果我們在湖邊見到一隻大型水鳥，長得像天鵝，但是黑色的，我們可以修正所有天鵝都是白色的假設，改成「大多數」的天鵝是白色的，但有些是黑色的。我們也可以提出一個可能的新假設：看起來像黑天鵝的鳥事實上不是天鵝，而是另一種我們仍不了解的鳥。這兩種思考方式都是科學的特色，讓科學得以進步發展。

卡爾．波普爾解釋，科學歸納法與演繹法讓我們能反駁假設，如此一來就能增進科學理論。可是生活並非科學。除非我們先以互斥的方式擬出主張的假設，那麼科學實驗才能進行，這是科學基本原則。但在複雜的生活中，這是很難達成的條件。日常生活中，我們無法將觀點限於科學假設的驗證。當我們跟隨這樣的理性科學思考方法，演繹與歸納推理就成為避免出現具意外元素的既有認知顛覆的工具。

二〇一一年三月，埃及那場顛覆既有認知的革命意外造成極端主義政權穆斯林兄弟會（Muslim Brotherhood）掌權，這與先前所有預期相反，評論者急著用演繹法為意外辯解，像是「眾所皆知，中東的革命最終都會導向極權政權，因此埃及的情況也必然如此。」或者以歸納法說：「這場革命以暴民運動為開端，在這樣的情況下，像穆斯林兄弟會這樣的極端政黨會掌權是可預見的結果。」

正是這種「介於兩者之間的思維」往往會被演繹法與歸納法忽略。在實驗室裡，二元對立的思考方式與歸納—演繹的科學邏輯是合理的，但這樣的方法卻掩蓋了真實生活情況的複雜性。

溯因推理是哲學家、邏輯學家查爾斯．桑德斯．皮爾士（Charles Sanders Pierce, 1839~1914）於十九世紀末提出。他將溯因推理定義為邏輯思維的第三種可能性，應該將其加入歸納與演繹推理之列。溯因推理的思考過程是，我們先提出令人意外的新主張，然後進行演繹法或歸納法為其辯解。溯因推理能讓我們跳脫「因果關係」的二元思維陷阱，開闢全新的思路。

皮爾士認為，溯因推理是所有科學思考過程的創意階段。當科學家感到狀況未知且費解，而且也無法以演繹法與歸納法解釋時，會需要用到的方法。換言之，溯因推理對顛覆既有認知的案例來說是必要的，因為當情況顯然不符合我們既有的認知與詮釋系統時，若仍執著於使用演繹或歸納法，會錯失從意料之外的事物中學習的機會。身為狐狸型思維者，我會避免陷入演繹與歸納邏輯的思維陷阱，轉而尋求溯因推理。

我用來激發溯因思維的「訣竅」之一是運用「非直覺聯想法」（Untrivial Associations），即把看起來很不協調或不相關的東西結合在一起，以打破固有思維框架。有一次，我為了某件諮詢專案前往耶路撒冷市政府開會，了解為何市中心在經濟與社會層面持續低迷的原因，儘管市府宣稱已投入非常多努力振興。與會者依舊將問題歸咎於資金與人力資源不足之故，使得討論並沒有任何進展。我感到十分挫折，因為這個問題已經被反覆討論過無數次，但現場卻沒有人能夠跳脫舊有思維框架，找到新的切入點或解決方案。

離開時，我拿了個紙杯泡了杯咖啡，然後走下樓梯到大街上。我走在市中心主要街道雅法路（Yaffo St.）上，一邊啜飲咖啡，一邊想著剛剛的會議內容。我盯著紙杯瞧，看到杯子上印著「服務很容易」（It's easy to serve）這句話，就在市府標誌旁。喝完咖啡後，我想找個垃圾桶丟掉杯子，卻四處都找不到。在我居住的特拉維夫的街道上，大約每格一百公尺就會有一個垃圾桶，但在耶路撒冷市中心，我至少走了兩百公尺，還沒有看到任何一個垃圾桶。終於，我在某個街角發現了一個垃圾桶，丟掉紙杯後，我心生好奇，決定繼續觀察街道上的垃圾桶分布情況。於是，我沿著雅法路一路走到耶路撒冷的中央車站，仔細記錄了垃圾桶的分布狀況。

我發現這些垃圾桶長得都不太一樣，顯然是一堆長時間積累下來，不同款式的垃圾桶。垃圾桶之間的距離也不一定。我也發現路人與商家會隨地丟棄垃圾。

紙杯與垃圾桶的象徵成為該專案的關鍵思考重點。它啟發了我的溯因推理，讓我意識到問題不在於缺乏資源，而是更複雜的管理問題，即市政府與市民都缺乏文化意識，以及市政府各部門間缺乏協調。這樣的溯因認知成為後續決策與行動的焦點，不僅有助於改善城市環境，同時也讓市中心恢復活力。15

溯因思維是創意的根本起點。我覺得詩歌很有魅力是因為詩人在相悖離的詩文中加入溯因概念，這種打破線性思維邏輯的能力令人驚艷。有時，這樣的能力以結合簡單文字的方式呈現。例如以色列詩人貝里．沙克羅夫（Berry Sakharof）在他的歌曲中寫道：「破碎的心才完整」（A broken heart is a whole heart）。這句歌詞並不會人將焦點放在單一「破碎」與「完整」的對立。而是透過矛盾意象間的張力，驅使我們進一步思考。這種張力創造了一種嶄新的整體，而這個整體，本質上卻依然帶著破碎。

這看似簡單的句子之所以具有創造性的美感，並能觸動我們內心共鳴，是因為它無法透過歸納或演繹推理得出。對於線性思維者來說，這句話幾乎是不合邏輯，甚至是荒謬的。按照演繹與歸納邏輯，心要麼是完整的，要麼是破碎的。可是從生活的邏輯來看，這句歌詞不是很合理嗎？以狐狸型觀點而言，它確實很理性……

15. 關於此專案，更多資料參見 http://praxisjerusalem.wordpress.com

筆記14

飛行中隊的王牌

偶然遇見的事件、地方與出乎意料的想法，對於發展狐狸型思維來說相當重要。我與加州大學柏克萊分校的哲學教授休伯特・德雷福斯（Hubert Dreyfus）的會面，就是這樣的一次偶遇。

我猜德雷福斯教授也是位狐狸。一方面，他是哲學家，對詮釋學與結構主義等抽象的哲學問題非常感興趣。另一方面，他又被實用議題吸引，時常思考哲學與實用性之間的關係。這樣的背景之下，我們的偶遇很快變成關於理論與實用之間對立與互補的張力的有趣談話。休伯特告訴我一則難以置信又發人省思的故事，關於刺蝟與狐狸的區別。這段對話發生在一九八〇年代初，距今約四十年了，以下是故事的內容。

休伯特的弟弟史都華也是加州大學柏克萊分校的教授，專長是作業研究（Operations Research）[16]，並負責管理專精於作業研究計畫的機構。他們常常在周五一起吃晚餐。某個周五，吃完晚飯後喝點小酒時，史都華告訴哥哥他在工作上遭遇了困難。他是美國空軍的研究顧問，他們提出一個他不知道該如何解決的難題。當空軍取得新型戰機時，他們會讓將接手新戰機的飛行中隊停飛，接受飛行培訓，以教導他們如何駕駛新型戰機。

訓練期間，發生了令人困惑的現象。在空戰中展現出卓越的飛行能力，遠超其他同儕的幻象戰機（Phantom）中隊的王牌飛行員，卻在F－15模擬飛行器中獲得低分。相較之下，空戰能力普通的飛行員卻在訓練模擬器上獲得最高分。

史都華的研究機構必須找出這矛盾情況的原因，但研究團隊用他們慣常使用的邏輯和研究方法，卻始終找不到答案。

休伯特立刻意識到這是個機會，便跟弟弟說他願意幫忙，條件是讓他參與研究，並且之後兩人一起發表論文。作業研究與哲學這兩個毫不相干的學科進行這樣的跨領域合作並不常見，我自己就沒聽過有類似的合作案例。

史都華同意了，於是休伯特立刻提供他的理論。

在解決問題時，有些人會採用分析過程，有些人則專注於快速掌握情境感知，並且擅長此道。這兩者之間的一個認知區別是，前者在學習需要分析性思考並能展現正確邏輯結論的程序時，具有明顯的優勢。

在模擬訓練中，受訓者坐進模擬新型戰機的改裝駕駛艙，學習如何操作各項設備，並解決模擬環境中遇到的各種問題。在這類訓練中，刺蝟型思維者具有明顯優勢。他們能快速掌握程序，對這種受測模式感到輕鬆自在，並獲得高分。然而，一旦進入真實空戰並面臨極端情境時，他們的優勢便不復存在，表現也不再突出。

相較之下，飛行中隊的王牌飛行員之所以是王牌，是因為當他們完成飛行學校的訓練並進入作戰中隊後，能夠擺脫訓練時所學的固定邏輯規則，逐漸回歸天生的狐狸型行為模式。

這些頂尖飛行員會將每一次空戰視為全新的挑戰，這需要一種特殊的高度警覺性。他們在極端情境下的卓越表現，來自於他們能高度直覺地整合過去的飛行與戰

---

16. 編註：應用數學學科，利用統計學，數學模型和資料科學等方法，尋找複雜問題中的最佳或近似最佳的解答。

鬥經驗，同時仍然以全新的視角看待當下的戰鬥。這種能力讓他們能夠在瞬息萬變的戰局中找到超越過往經驗的解決方案，有時甚至能發揮出飛機原本被認為無法達到的極限性能。相信你現在已經知道，這正是狐狸型智慧的最佳體現。

所以，難怪那些狐狸型飛行員在模擬飛行訓練中顯得很痛苦。他們被迫重新回到過去在飛行學校所學的邏輯訓練模式，而這些模式其實早已被他們拋諸腦後。但我們可以推斷，那些狐狸型飛行員一旦實際操作F－15戰鬥機時，他們將能再次發揮王牌飛行員的水準，恢復卓越表現。另一方面，在模擬訓練環境中，那些習慣系統化思維的刺蝟型飛行員則會感到「如魚得水」，甚至能獲得高分。然而，當他們從模擬訓練回到真實空戰場域時，表現往往回歸平庸。

休伯特與史都華預測，當模擬訓練結束，飛行員重返實戰時，情況將恢復如初。狐狸型飛行員將再次證明自己是無可匹敵的王牌，即便駕駛全新的戰機，依然能夠脫穎而出，而刺蝟型飛行員則會回歸平庸，表現平淡。

而事情也確實如此。

他們的發現隨後得到其他學者支持，兄弟倆也共同出版了《心靈超越機器》（*Mind Over Machine*，暫譯）一書。[17] 類似的發現也出現在其他領域，例如撲克牌玩家、賽馬賭博者，甚至消防員。他們的卓越表現，不一定能用他們對規則的了解來解釋，而更來自於他們能夠專注發揮狐狸型天賦，靈活應對最具挑戰性的情境。

17. Dreyfus, H., Dreyfus, S.E. (1998), *Man over Machine*. Simon and Schuster.

筆記15

論專家與狐狸

一九七五年初，時任以色列外交部長的伊加爾．阿隆（Yigal Alon）請我領導由阿格拉納特委員會建議設置的外交部新研究組織單位。

一九七五年四月的某一天，我被緊急叫到外交部。當我走進阿隆的辦公室，他請我關上門，因為對話得保密。他跟我說他最近與美國國務卿亨利．季辛吉（Henry Kissinger）見面，當時，季辛吉頻繁往返以色列與埃及之間，推動談判。這場談判的焦點使用《西奈臨時協定》（Sinai Interim Agreement）取代於一九七四年贖罪日戰爭後所簽署的《脫離接觸協定》（The Disengagement Agreement）。新協議的目標是確保雙方履行停火承諾，並透過和平談判來緩解局勢。《西奈臨時協定》最後於一九七五年九月於日內瓦簽訂。然而，在這之前，以色列與美國有多次爭執，因美國認為以色列太固執，無法就協商讓步妥協。

阿隆分享在與美國會談期間，季辛吉提出一份由美國情報單位進行的研究結果，指出倘若以色列不讓步，最後拒絕簽署協定的話，中東將陷入一系列毀滅事件。埃及可能會與蘇聯簽署新的武器協定，敘利亞和埃及可能對以色列發動消耗戰，而新的石油供應危機將導致各地物價飆升，最終引發全球經濟危機。阿隆告訴我，他認為季辛吉公開這份報告的目的，意在對以色列施加更大的壓力，迫使其簽署協議。

當以色列軍事情報局被要求提供關於美國報告的評估時，他們的評估與美國報告類似。但阿隆也不相信以色列軍方的推論。他認為，軍事情報局在未能及時預警贖罪日戰爭的可怕失敗之後，承受風險的意願大幅降低，導致他們傾向發出過多的警告。

我們先前見面時，阿隆曾聽我提及我與丹尼爾．康納曼共同開發的一種新研究方法。康納曼在幾年後獲得諾貝爾獎，但在當時，他還只是耶路撒冷希伯來大學的年輕講師。阿隆建議我們運用新研究方法，我和康納曼抓住這個機會，組成臨時研究團隊，開始進行實驗。

這裡不適合細究我們的研究方法或發現結果。更完整的報告可以在我與康納曼三十年後共同發表於美國中情局期刊《情報研究》（*Studies in Intelligence*）上的文章裡讀到。[18]這裡，我只談與當前討論相關的部分內容。

我們的研究包括一系列針對兩類不同專家提出的「如果……會發生什麼事情？」的問題。第一類是來自外交部新設立的研究中心的情報研究專家，這些人的判斷來自機密情報資訊。第二類專家是來自希伯來大學的教授，這些人對於上述問題有深刻理解。和所有實驗一樣，我們也設立了對照組。這些人是我們認識的熟人，他們沒有接受過情報訓練，也沒有學術背景，而是我們覺得很聰明且充滿好奇心的人。

結果出乎意料。擁有最新機密資料的情報研究員在預測事情發展上，表現與學院教授不相上下。然而，這兩組人與一般聰明人相比並沒有明顯優勢。

我對這出乎意料結果的解釋是：普通人傾向於使用狐狸型思維，而專家則傾向

18. Lanir, Z.; Kahnemann, D. (2006) "An Experiment in Decision Analysis in Israel in 1975 Speaking to Policymakers." *Studies in Intelligence* VOL. 50, NO. 4.

於系統地捍衛他們的理論，並透過他們的理論專業知識來解釋一切。他們受限於刺蝟型思維。

二〇〇六年，加州大學柏克萊分校的心理學家菲利浦・泰特洛克（Phil Tetlock）出版了《專家政治判斷》（*Expert Political Judgement*，暫譯）[19]。在他的研究中，他從長達二十多年的《紐約時報》中，蒐集了兩百九十四位各領域知名專家所提出的約八千份假設與預測，這些預測涵蓋政治、策略與經濟領域，並將專家預測與該報讀者投書的預測做比較。結果發現，專家對於複雜議題提出的發展預測，其準確度與一般讀者不相上下，而這些讀者並沒有該領域的專業知識，只是對該議題感到好奇罷了。

這樣的結果顯然令人不安。這些以預測未來為職業的專家，被文字媒體引述，還受邀上談話與新聞節目，甚至擔任政府與公司的顧問，其預測能力竟然不比一般人高明。

我很開心讀到泰特洛克自己也認為，這是因為人們以不同方式思考的結果。更讓我驚喜的是，他和我三十多年前一樣，引用了柏林提出的狐狸與刺蝟的隱喻，來區分兩種不同的思維模式。泰特洛克認為，了解很多小事情的狐狸，會從多種不同來源汲取資訊，處理現實生活中的複雜問題。因此，他們的表現不遜於刺蝟型專家。至於刺蝟型專家，則依賴一套統一且嚴密的理論，並試圖用既定的專業公式來解釋所有問題，即便面對的是極其複雜且模糊不清的情境。

---

19. Philip E. Tetlock. (2006) *Expert Political Judgment: How Good Is It? How Can We Know?* Princeton University Press.

筆記16

狐狸的邏輯

西元前七世紀，希臘哲學家赫拉克利特曾說：「狐狸知道很多事情，而刺蝟知道一件大事」，他也主張希臘文稱為「邏各斯」（λόγος）的「邏輯」（logic），乃是建立在「對立統一」（Unity of Contraries）之上。這一概念不僅反映了宇宙的本質，也體現了我們對世界的思考方式，使我們能夠適應萬物的變遷——無論是世界本身，還是我們對它的理解。[20]

這與今日人們普遍接受的邏輯定義完全不同。當代邏輯著重區分「正確」與

20. 更多有關赫拉克利特的資料，請參見 The Internet Encyclopedia of Philosophy; www.utm.edu\research/iep/h/hersclit; http://philocetes.free.fr/heraclitus

「錯誤」的推理過程，並透過既有前提推導結論，進而鞏固既有主張。刺蝟型思維者傾向於確保思想的一致性，並試圖排除任何內在矛盾；相對地，狐狸型思維則是建立在「對立的統一」之上。他們的思考是動態的，能夠在看似矛盾的概念中找到新的意義，並在不同的語境中重新詮釋事物。

刺蝟將他們面前的一切事物都視為已被定義且具有明確功能的東西。當他們看到椅子（chair）時，會認為這是能坐在其上的物品。然而，當狐狸看到椅子時，他們能夠理解它是一種可以重新詮釋的東西。畢竟，椅子可以只是椅子，就跟所有椅子一樣，但它也可以是其他東西，例如政府的「席位」（governmental chair），這不一定是實物。此外，它還可以與另一個詞彙連結，藉由使用「互補的矛盾」（Complimentary Contradictions）[21]來創造新的含義。例如，「安息座」（Sabbath Seat）或「國王座」（King's Seat）。

每個概念都內含著這樣的對立，例如「通訊」（communication）。我們可以說，多虧了現代通訊裝置，人類從未如此貼近彼此。然而，我們同時也可以說，由於現代通訊裝置之故，人類從未如此疏遠。這兩個相互矛盾的句子不僅本身都是正確的，而且它們也相互補充。只有將兩者結合起來，才能清楚地了解現代科技對我們產生的完整影響及其對整個社會的後果。狐狸式的領悟，正是透過詞彙矛盾含義的中間地帶演化而來的。

這一概念也適用於我們如何看待詞彙之間的關係。詞彙本身蘊含著完整矛盾的複雜系統依存關係。例如，我們用以理解民主本質的詞彙，像是「責任」（responsibility）與「自由開放」（freedom-liberty）兩者之間便存在著互補的矛盾，因為沒有責任就沒有自由，沒有自由就沒有責任。對於民主式管理的基本思考單位是無法被拆解的，因為它的本質正是建立在這種互補的矛盾的張力之上。一旦我們讓公民擺脫「責任」，也就同時削弱了他們的「自由」。

正是這樣的對立關係，讓這些詞彙在不斷改變的環境裡可以被重新詮釋。正是因為「互補矛盾」無法被完全調和，它們之間的張力反而成為創造新意義的契機。

希伯來語特別富含互補矛盾的潛力，這可能與猶太思想傳統有關。無論是《塔木德》（Talmud）還是卡巴拉（Kabala），它們關注的重點並非現實的記錄，而是概念的探索與詮釋。之前提到的沙克羅夫的歌詞「破碎的心才完整」就是個例

21. 編註：即看似矛盾或對立的概念，實際上可以互補並共同存在，從而產生新的意義或理解。

子。另一個例子則來自亞伯拉罕・哈菲（Abraham Halfi）在《突現之春》（Sudden Spring）中的奇幻詩句：

多麼棒的一天！冷酷又明亮
它為我們攤開了一張網。
看看這裡，你看，它罩住了整個城市，
像被雨水
洗淨後的新娘。22

詩中的矛盾聯想也具互補性，只是比較遙遠。它們創造出新的洞見，對於人類體驗來說，更為深層美好的見解。

互補矛盾也是每則笑話的祕訣。我們喜愛聆聽和講的笑話，都體現了互補矛盾。一陣大笑是因為突然發覺藏於互補矛盾之中的隱藏邏輯。這種幽默的解釋無法單純以「正確」或「錯誤」來判斷，因為它同時具備這兩種特性。當我們抓到笑點時，我們便發覺人類境況的互補矛盾邏輯，即便一開始聽到時會覺得很荒謬。例如以下這則老笑話，有位男子從摩天大樓的窗戶往外看，看到有人正在墜落。男子問對方：「還好嗎？」（What's up?）而墜落的人回答：「到目前為止一切都好……」（So far everything's fine...）互補矛盾是人類智慧的基石。

一則禪宗故事講述了兩位僧侶在森林中行走，看到樹木搖曳。其中一人說「樹梢在風中擺動。」另一人則說：「不，是風在動。」於是，他們前去請教禪師，禪師回答：「是意念在移動。」

這句話蘊含著多層意義，可以從不同角度解讀。對我們而言，這裡有兩點值得強調：首先，這兩個看似矛盾的說法並沒有唯一的正確答案。其次，理解事物的互補矛盾有助於思想的流動。另一方面來說，正是思想的流動賦予事物象徵性意義，讓新的詮釋能出現——遠遠超越了單純的樹梢搖擺或風的吹動。

這就是互補矛盾在人類語言與思想中的力量。狐狸型思維者懂得如何運用這種矛盾，使其思考與行動始終保持動態與創新。這樣的整體性絕非完美，畢竟「完美」往往代表著人們試圖將自己或理想塑造成毫無缺陷、無懈可擊的狀態。但狐狸

22. 亞伯拉罕．哈菲的《突現之春》是以希伯來文寫成。

型思維者所追求的「完美」卻包含矛盾，因此它永遠不會達到毫無瑕疵，且是持續變化演進。狐狸不會執著於靜態的完美，而是尋找互補矛盾，並從中汲取智慧。他們透過這種對整體性的理解，在思考與實踐時賦予各種事物新的意義，並巧妙地將其運用於行動與人際關係之中。

筆記17

我離開大學教職的原因

當我還是年輕的情報官時，我便學會欣賞「互補矛盾」所帶來的益處，這種思維讓我能在理論與實務、思考與現實之間找到平衡。我熱愛情報工作的實務面，同時也將研究情報方法論與理論視為一種嗜好。我發現，實務與理論之間的連結與張力，不僅提升了我的工作表現，也讓我能夠跳脫傳統框架，提出新的問題並嘗試不同的做法。在實踐與理論、具體與抽象之間，我找到了很大的樂趣與富有成效的思考空間。我享受情報工作的實務角色，但也熱衷於學習與研究更廣泛的情報議題。在軍中，實務角色往往被視為升遷的標誌，而教學角色則不然，因此不太吸引優秀有抱負的軍官。然而，我卻樂於把握每一次培訓的機會。對我而言，這是一種「互補矛盾」——兩者相互成就，使每一個角色都比前一個更令人滿足。

我認為準備培訓課程既具挑戰性，又極具意義。在這個過程中，我必須重新思考那些原以為已熟知的問題，並提升自己講解這些議題的能力。我時常驚喜地發現，新想法會突然從腦海中浮現，同時也意識到過去未曾察覺的問題，或是找到全新的方式來思考舊有問題。我特別喜愛課堂上的互動交流。我所教授的課程通常是針對情報研究官員的進階課程，這讓我有機會與具備豐富實務經驗的軍官、上士和中士進行對話與學習。他們的經驗使我們能夠即時討論理論與實踐之間的關聯，使課程更具深度與實用性。

「軍校學生」（雖然我不是很喜歡，但軍隊中就是這麼稱呼他們）時常提出一些我以前沒想過的問題，或者拋出那些我曾經放棄、但在課堂上重新燃起興趣的議題。我過去的培訓經歷，以及這段期間所累積的深刻見解，使我能夠不斷向前推進，回顧並重新審視那些在培訓過程中被我忽略的複雜主題。因此，我認為教學與學習之間存在著互補的矛盾關係。兩者相輔相成，而我所喜愛的理論與實踐之間的交匯地帶，也正是這種互補矛盾的廣闊領域，它滋養並強化了這兩者的發展。

因此，當我完成博士學位後，受聘於特拉維夫大學公共關係系的策略研究中心，擔任研究員並兼任教職時，我認為這兩個職位是相輔相成的。從一開始，我就不打算只滿足於教學與學術研究。與大多數學術界的同事不同，我希望能將我所研究與教授的內容，實踐於現實情境之中，使理論與實務相互融合。

該研究中心為我提供了許多機會，讓我能與高層軍官會面，討論由國防領域的快速變化所引發的現實問題。我將這些經驗視為理論、研究與實務之間的互補矛盾，正如我過去在軍中教授情報課程時所做的那樣。然而，這次我得在更複雜的現實環境中，運用抽象演繹法並更謹慎地驗證理論的層次上進行。在我看來，處理抽象思維與理論研究，不只是純粹的理論探討，而實踐也不僅僅是處裡具體問題。相反地，兩者創造了讓彼此能更為豐富的互補矛盾。

我很高興有這個機會，於是接受了職務。

公共關係碩士課程開課的對象是公部門主管與其他職員，這些人已取得學士學位，並且在各種不同公共關係領域累積了豐富的實務經驗。這些學員需要將學術研究與工作經驗相結合。

我被要求開設的專題課是有關「公共服務中的策略思考議題」（Matters of Strategic Thinking in Public Service）。這主題相當開放，有各種詮釋方式，能夠在各種相關議題之間靈活切換，以深化對策略思考的整體理解。我期待這門課程能夠理論與實務並行，透過與已累積並持續獲取實務經驗的學生互動，形成富有成效的結合。我原以為能與學生們一同運用我所喜愛的狐狸式思維，在實踐與理論之間靈活轉換，一切看來都很完美——直到事情開始走向崩解。

學期初，我被公共關係部門的系主任叫去，他解釋說我必須要準備內容有兩部分的課程大綱。第一部分包括簡短的課程描述與課程要求，例如學生得要完成幾份報告與通過幾次考試。第二部分要詳述每堂課的研究主題，以及學生在課前得要先閱讀的論文與書籍。課程大綱對我來說是個大難題。

在我看來，有效的學習源於學習者情境化的思考過程，教材應該透過學生遇到的實際問題來教授，而不是脫離這些問題。我計畫請學生提出他們遇到的問題，從列表中選擇我們將要學習的主題，然後讓討論自由展開。

我決定以我認為應該進行的方式教學，而不是課程大綱所要求的方式。我知道系主任應該不會來旁聽我的課，而且學生應該也會喜歡這種方式。

主任還說，我只能將學術界認可的文章列在閱讀清單上。要怎樣才算被認可呢？就是該篇論文被其他論文引用的次數。他建議我瀏覽學術教科書資源上的書單，上面只收錄被引用過與編修過的論文。

然而，撰寫一篇學術論文，從確立論點到整理成正式版本提交至學術期刊，至少需要一年時間。而期刊審查、根據期刊要求修改、提交同儕評審、再經歷編輯過程，這至少還要再花上一年——這還是在第一本期刊就被接受的理想情況下。如果論文未被接受，就得重新提交至其他期刊，這又是一個漫長的過程。即使論文最終獲得刊登，從被接受到正式出版至少還需要半年。只有在發表後，才開始統計該篇論文的引用次數，直到它獲得足夠的學術影響力，被納入教科書，又過了數年。而即便某篇論文最終被選入教科書，還得經歷撰寫、編輯、出版，再到分發至各大學與圖書館的過程，這又需要數年時間。因此，當學生們拿到正式批准的閱讀清單時，裡面的資訊往往早已過時，與當下的議題關聯甚微。

我去學校圖書館試著尋找其他還未被收錄在出版教科書的公共關係文章，但這些文章也與當前議題沒有相關性。我很失望地發現其相關實用性的價值很低，大多數文章都在討論通用的理論以及學者和研究人員之間的爭論，純粹是理論層面的探討，而實務應用幾乎無足輕重，甚至顯得脫節。我希望學生能從中發展出狐狸型思維，而非刺蝟般的學術傾向。因此，雖然我仍按照要求提供學生指定閱讀清單，但在第一堂課時，我就告訴他們，這門課的挑戰不只是閱讀清單上的文章，而是去圖書館或任何地方，主動尋找更多相關資訊。一開始，我聽到一些埋怨（畢竟所有的學生都很忙），但因為我不要求一定要是學術文章，而是任何他們認為可以是「閱讀清單」的資料，學生慢慢在偶然發現之中找到個人樂趣。

我自己很喜歡去大學圖書館，盡情瀏覽與翻閱各種期刊，我這樣做時，通常是在覺得卡住、想法無法推進的時候。我在書架間漫步，並不特意鎖定「自己領域」的期刊，而是尋找那些偶然發現的知識寶藏，讓自己的思維朝不同方向展開。這種「遊走於領域之間」的探索，經常帶來出乎意料的驚喜，啟發新的想法。有時，我會在圖書館遇到我的學生，他們像我一樣在書架間徘徊，當他們發現閱讀那些未必是課堂指定內容的材料所帶來的樂趣時，便真正體會到偶然發現的魅力。最終，這門課充滿了各種意想不到的新發現和既有認知顛覆。我從那些偶然情境中傳遞我該教授的東西，我很喜愛這樣的教學課程，也從中學到很多。然而，我無法接受大學的升等方式。在學術界，升等不是以教學成就評斷，而是由所撰寫、出版與受到引用的論文或學術書籍的數目而定。

某日，社科院的主任找我談話，他告訴我，儘管他非常欣賞我的工作，同事們也認可我帶來的見解與價值，但我的晉升仍然岌岌可危。原因在於，我始終堅持以跨學科的方式寫作，而在學術界，任何跨學科的研究都被視為不夠科學，這也是為何許多學術期刊不接受我的文章。他建議我停止現在的做法，轉而專注於單一領域的研究與寫作。

我試過了，但覺得我沒辦法。我覺得這不像我會做的事情。這就是促使我最後選擇離開大學與學術界的「最後一根稻草」。

自那之後，事情改變了。我最近在瀏覽特拉維夫大學的出版品時，發現裡面寫著「由特拉維夫大學引領的跨學科研究方法，已成為學術界的高標準，並代表著整個學術機構的未來。」。[23]

23. https://www.tau.ac.il/interdiscipline-research

筆記18

刺蝟型傾向：將現實強行納入思維地圖

我在大學任職期間，在撰寫文章與教學的同時，也堅持進行田野調查。在這類研究中，研究者無法固守最初的理論，因為介入行動本身可能會使理論產生變化與調整。

我的同事們覺得我很奇特，因為我經常會從校園消失數天，並將大量時間投注在對我的學術發展不一定或至少不是顯著有貢獻之處。另一方面，他們也很羨慕我，因為他們之中有許多人沒有機會能在實際現場檢視自己的理論假設。

我當時進行的田野調查主要關注的是面臨意識形態、社會與經濟的既有認知顛覆危機的集體農場（kibbutzim）[24]。我偶爾會跟同事聊到在集體農場裡體驗到的複雜現實如何不斷讓我感到訝異，並揭示出一些我尚未察覺的新問題領域。

我最喜歡的研究地點是靠近死海，距耶利哥（Jericho）不遠的阿爾莫格集體農場（Kibbutz Almog），理由之一是南下到猶大曠野（Judean Desert）的那段路程。沙漠的空曠感對我的思考過程有特殊影響。有點類似坐在海灘上，凝視遠方的效果，沙漠同樣能讓思緒從固有的錨點釋放出來。我許多新奇的想法，往往是在海邊或沙漠時浮現。我特別喜歡駕車穿越沙漠山區到耶路撒冷的那段路。這段寧靜時光讓我能反思在集體農場上的各種經歷，整理所獲得的資訊，並思索沙漠所喚起的種種情感。這些沉思總會帶來許多想法，新的角度，而這些想法隨著每次的訪問不斷延展、豐富，直到我感覺自己正深入更精確、更深刻的理解層面。這些想法有趣之處在於，它們各自代表不同的面向與觀點，且彼此之間經常互相拉扯，讓我無法用一個共同因素將其收攏。每次嘗試這樣做時，都會出現一些無法被我最初提出的假設「套用」的面向與見解。

我從田野調查裡收集到的新見解常使我陷入沉思。我同事和我這麼努力出版的學術論文中，有多少能真的代表複雜現實呢？偶爾，當我與大學同事在咖啡廳談論研究方向時，我會提出一些觀點，試圖豐富、修正，甚至顛覆他們論文中的主張。在大多數情況下，他們會坦然接受我的見解，而且表現出好奇與感興趣。其中，最感興趣的是系主任，他是退伍軍人，也是做過許多科學研究、備受尊敬的社會學教授，更是所有年輕教授認為最具權威的學者。他不只一次向我提出，希望能參與我的田野研究，讓他親眼見識我所提及的複雜性。

某天，我帶他一起去阿爾莫格集體農場。那天的工作特別困難，但收穫十分豐富，我很期待結束後能與主任交換心得，因為他是位紀律嚴明、重視科學精確度且知識淵博的刺蝟型學者，我想趁這個機會了解刺蝟的想法。

在回程的路上，我問了我經常在田野調查後，會對自己和研究夥伴提出的問題：「我們今天學到了什麼？」然而，令我驚訝，更甚者，是令我失望的是，他的回答簡短果斷：「我今天所見的一切，都更強化了我先前文章裡的論點。」

從那刻起，他一路滔滔不絕地闡述他所看到的一切如何在各個方面證實了他文章中的主張。那是一座宏偉的理性主義建築物，條理清晰、結構嚴謹，但卻完全建立在一連串簡單的線性論證上——這些論證除了相互依賴、相互加強，並共同支持主要論點之外，什麼也沒做。

24. 我對這主題的解釋可參見我的著作 *A Young Kibbutz with a Conceptual Crisis: Ramat Ef'al*(1990)

我保持沉默。我沒有在思考他提出的主張，也沒有將他的反應歸因於傲慢，我的思緒飄到我當兵時的一段深刻體驗。軍中任何單獨飛行過的人都有過專家稱之為「強迫地形符合地圖」（forcing the terrain to match the match）的經驗。這種現象不只發生在飛行中，它在我們生活中的許多情境裡也會出現，我們常常忽略了經驗與既有觀念之間的矛盾處，只為了避免承認犯錯，因為一旦承認錯誤，就代表我們得走更遠的路，不論是實際行走的路途或是在人生道路上皆是如此。這個現象反映了我們得重新塑造我們的思維，才能符合現實。這也發生在研究員和科學家身上，他們也會陷入人為錯誤的圈套，他們也會強迫現實情況與科學思維配合，忽略那些與自己理論模型不符的現象。

這種錯誤可能會長時間影響整個研究領域。例如，在聖經考古學中，考古學家長期以來都遵循他們的「地圖」——聖經，並試圖強迫地形符合自己的認知，彷彿這片土地必須精確對應聖經記載，並透過考古發現來進一步證實。這樣研究了數十年之後，考古學家才開始講述違背聖經的土地故事。

狐狸型思維者始終保持警覺，努力避免陷入這類思維陷阱。

筆記19

狐狸型詞彙

跟刺蝟型學者韋伯斯特一樣，我這隻狐狸也對語言很敏感。但我的敏感卻和他的大不相同。韋伯斯特講究正確、符合詞典標準的用詞，而我則對「不正確」的語言特別敏感——俚語、孩童創造的詞彙，甚至是成年狐狸們發明的詞句。

一九七〇年代，我曾指揮一支情報部隊，與執行敵後任務的菁英特種部隊合作。正因如此，我得以深入了解這些單位，與隊員們長時間近距離共處，並從中比較各部隊的特點，學習每支部隊獨特之處。

這些部隊之間經常充滿競爭氣氛，隊員們爭相參與任務，而行動的成功與否成為競爭的主要標準。

部隊的成功通常歸因於指揮品質、紀律水準、士氣、訓練等因素。我卻注意到另一個與成功有直接關聯性的隱藏特性，那就是部隊內部的俚語詞彙十分獨特、豐富且不斷變化。

除了一般的軍事俚語與特定的戰鬥俚語，每支特種部隊，甚至其中的個別小隊，都發展出了自己專屬的俚語。因此，新的詞彙被創造，或更常見的情況是現有詞彙被賦予新的含義。這變成一種旁人無法理解的加密語言，這些詞彙遠遠超越了正式軍事術語的字面意義與官方詞彙手冊的定義。使用這些詞彙，讓部隊能更靈活應對複雜的作戰環境，並強化團隊間的默契與協作。

因此，我能檢視每一批士兵與他們獨特的非官方語言發明。我甚至能預測，當俚語創新停滯、舊詞彙被遺忘且未被新詞取代時，該部隊的整體品質可能會下降。新詞彙的誕生主要集中在戰鬥單位。在戰鬥支援與參謀單位中，語言的創新程度通常較低，他們更傾向沿用舊有的軍事俚語，而非創造新的表達方式。我認為，這顯示出俚語的發展與部隊所處環境的變化速度，以及面臨極端挑戰的頻率之間的關聯。這些條件更常見於戰鬥部隊，因此，使他們的語言變得更加靈活、多變且富有創造性。

當我有機會前去大學圖書館時，我試圖搜尋關於俚語發展與個人、部隊或組織工作效能之間關聯性的學術研究，但遺憾的是，並未找到相關的學術論文。

不過，我從哲學家路德維希・維根斯坦（Ludwig Wittgenstein, 1889~1951）的語言哲學中找到一條可能的線索。在維根斯坦之前，普遍的觀點認為我們對能想像出來的東西都有相對應的詞彙，包括情境、物種與物品、顏色、情感或意義皆是。我們所使用的詞彙被視為具有固定定義的指標。

過去的假設認為，詞彙的定義與使用者的主觀運用方式無關。換句話說，一個人在思考時所使用的語言分類，並不取決於個人的主觀經驗。因此，詞彙的使用不會受到個體如何感知事物，或他們如何學習、記憶、組織和建構知識的影響。根據這一觀點，表示具體事物的詞彙，例如「椅子」或「房子」，與其所處的語境無關，也不受說話者的影響。同樣，代表情感的詞彙，如「悲傷」或「喜悅」，以及代表更抽象思維方面的詞彙，如「沉思」、「質疑」或「理解」，也被視為獨立於語境和個體經驗之外的概念。

維根斯坦指出，人類可以透過賦予詞彙新意或創造全新的詞彙，在思維中建立無限多的類別，而這些分類並沒有固定的界限。他舉了一個例子，就是「遊戲」（game）這個詞。在我們童年時期，遊戲的種類很多，例如躲貓貓、鬼抓人、跳繩、球類遊戲等等。當電子遊戲在一九七〇年代崛起時，它們擴展了「遊戲」這個詞彙的意義；十年後，電腦遊戲的發展又進一步改變這個詞的使用方式。但是，這些電子、電腦遊戲真的與跳繩、躲貓貓和抓人等遊戲具有相同的本質嗎？

再舉一個例子：任何用過電腦的人都會遇到「圖標」（icon）這個用語，但在電腦領域中，它的使用方式與其原始語境大相逕庭。最初，這個詞是用於文化和宗教層面。在基督徒的眼中，十字架這一標誌擁有多重意義，並伴隨著個人、社會及神學層面的不同人生階段。每不同脈絡下，十字架象徵的意涵也有所不同。在悲傷的時候，它代表神守護著他們，是一種安慰的力量；在婚禮儀式上，它代表安定、承諾與家庭的神聖；懸掛在教堂內的十字架給人一種謙卑與敬畏的感受；而在遊行中，十字架則可以作為一種近乎宗教狂熱的象徵。然而，三K黨（Ku Klux Klan）卻將十字架用作白人至上的象徵。因此，除了十字架的普遍象徵意義外，它在不同語境下展現出多種意涵，這就是「圖標」的力量。

然而，在電腦上，「圖標」的目的是標記一個不變、固定且明確的動作。例如，螢幕上顯示一個印表機的圖標，而非「列印」這個指令。我們可以說，「圖標」這個詞在電腦領域中獲得了一種與宗教語境完全不同，甚至相反的意涵。宗教上，圖標的目的在於賦予不同的詮釋，並根據情境而改變其象徵意義；而在電腦上，它象徵一種固定動作，是種沒有變化的詮釋。

由此可見，「詮釋者的視角」並非一成不變。人類改變詞義的能力並沒有任何限制，詞彙的意涵可隨語境變化而調整，甚至創造出全新的詞彙。

我們對詞彙意義的改變，以及創造全新詞彙來提供不同視角、重新理解世界的能力，正是狐狸型思維的基石。

隨著世界變得越來越複雜，變化的速度越來越快，我們的大腦也學會「創造」新概念與新意義，以幫助我們思考這些變化。狐狸不會排斥使用俚語，恰恰相反，狐狸往往是俚語的開創者之一。這是區分狐狸型思維與刺蝟型思維的其中一個隱藏面向。

筆記 20

狐狸奧費克去海邊

十多年前，當我正在準備一門關於「厚實精確性」（Thick Precision）和「何謂概念地平線？」（What is a conceptual horizon?）[25]的課程時，我的女兒塔瑪（Tamar）打電話給我，請我幫忙照顧我的孫子奧費克（Ofek，這個希伯來名字的意思正是英語中的「horizon」，即地平線）幾個小時。我問三歲的奧費克，想和爺爺一起做什麼，他說：「去海邊。」於是，我把他扛在肩上往海邊走去。

我們度過了一段美好時光，但我的心還是被厚實精確性和概念地平線所占據。我想知道三歲的奧費克會如何理解「海」這個概念呢？

25. 更多資訊請參考筆記21〈「為什麼——是什麼？」〉。

奧費克對於「海」的理解並非來自某個明確的定義，因為他根本沒有這樣的定義。相反地，他透過自身的感受與想像來理解「海」。他對海的每一種聯想都指向不同的抽象概念，但這些抽象概念彼此相連，共同構成他對「海」的整體體驗與感知。他對「海」這個概念的理解之所以豐富且深刻，正是因為他能夠將多種經驗性抽象聯繫於其中，進而深化自己的感知。隨著他累積更多的經歷與思考過程，他對「海」的理解就越深刻。

對他來說，「海」不僅是一個詞彙，而是一系列體驗的總和：在沙灘上玩耍、站在淺水區、讓浪花打濕雙腳、望向遼闊的地平線、朝祖父潑水、海水跑進眼睛裡、用水桶和塑膠鏟子堆沙堡，還有聽見有人用擴音器喊著：「戴藍色帽子的那位，請離開水域！」

在他眼中，「海」不僅僅是「躍入浪花」+「打水仗」+「玩沙」+「海水跑到眼睛裡」+「建造沙堡」+「有人用擴音器叫其他人離開海裡」等組合。對他而言，「海」是一種概念，表達所有這些經驗、聯想和想像。在這些要素之間的聯結與流動，形塑了奧費克對「海」的感知概念。

等到奧費克開始上學，他將學到有關「海」的理論與科學定義。這些理論期望能讓他對「海」有更精確的「科學」理解，即將海當作與他的感官有較少聯結的客觀用語。

但學校真的能教他繼續發展具備個人認知意識的自然思考過程嗎？他還能像過去那樣，透過自身的體驗來建構對「海」的感知嗎？他的學校會教他如何創造新的詞彙來表達自己對世界的深刻理解與豐富感受嗎？

我密切關注奧費克開始上學後的發展，卻遺憾地發現，他原本天生具備的狐狸型思維，在進入教育體系後，已無法像以前那樣自由發展。

在學校裡，每一門科目都是分開教授，並在孩子的思維中被牢牢地區分為各自獨立的知識領域。每個詞彙都有其「正確」的意義，每個問題都有它「正確」的答案。奧費克並未在學校學到如何在不同學科之間轉換，或如何將新的思維領域融合在一起，以發展出屬於自己的獨特見解，來回應成長過程中的人生體驗。

《愛麗絲夢遊仙境》的作者路易斯・卡羅（Lewis Carroll）深刻描述此問題。他指出，在學校裡，孩子學到的是「課程」（lessons），所有一切都被細分為不同類別。孩子最初那個沒有界限的「中間地帶」——充滿想像與創造力的領域——被迫遵從這種分區系統。他還特別指出「課程」（lesson）這個詞的根源來自

「less」。因此，每上一種課程，就會減少我們自由想像、非傳統聯想的能力。畢竟，這些聯想超出了課程設定的範疇。隨著這種約束加深，孩子的想像力漸漸不再飄向那些遙遠、不受拘束的思維領域，也無法再輕易表達令人驚喜的抽象概念，或是提出沒有明確界限的開放性問題。

狐狸型思維的人能夠自由穿梭於想像之間，因此能夠為現有詞彙創造新的概念，或提出新的概念和使用新詞彙。

這些基本狐狸型技能其實存在於每個人身上。童年時我們都是天生的狐狸，只是這些狐狸型技能在成長過程中逐漸受到壓抑，最終被遺忘。如今，當我們成年後要重新喚醒這些能力時，卻變得格外困難，因為我們的大腦已經被既定的詞彙與概念框架所填滿。

像維基百科等網站，能為我們提供所有問題的現成答案。當我們遇到陌生的主題或不理解的新詞彙時，往往會立刻查詢這些網站以獲得解答。然而，這樣的習慣反而削弱了我們原本的天賦——啟動自身洞察力的能力。

我以「厚實精確性」這種自然方法撰寫本書，類似奧費克理解「海」這個概念的方式。在這本書中，我透過各種不同的抽象概念向各位介紹狐狸型思維的多重意義，並將這些概念分解剖析，逐步勾勒出狐狸型思維的輪廓。

這就是我避免在書中使用大家常見的「章節」區分，而改以「筆記」和「部分」的原因。

這些關於洞察力、思考和建議的抽象概念，源自我多年來對狐狸型思維的研究與實踐經驗。我試圖以這種方式將它們傳遞給你，因為我相信這將有助於您創造屬於自己的「厚實精確」理解的方式，並鼓勵你開始自己的狐狸型探索之旅。

PART 3

狐狸型智慧的實踐

在第二部分中，我聚焦於狐狸型思維和智慧的不同面向和維度。接下來，我想進一步說明狐狸型思維和智慧在實際行動中的表現。同時，我也想強調在狐狸的視角中，思考和行動之間是相互關聯的，並創造了一個豐富彼此的螺旋循環。請抱著這種想法閱讀接下來的內容。

筆記21

「為什麼─是什麼？」

我曾在美國奧勒岡州尤金市的決策研究所（Decision Research Institute）進修一年，並在學習過程中體驗到了一種我喜歡稱之為「為什麼─是什麼」（Why-What?）的思維模式。

該機構名為「決策研究」，聲稱能夠建立理論與實踐、思考與行動之間的連結。但實際上，我發現該研究所的大部分研究都是理論性的，幾乎與實踐無關。我覺得自己很難對其他研究人員的研究產生共鳴，於是選擇專注在我個人感興趣的問題，透過狐狸型思維和實踐方法進行研究。

奧勒岡研究所每周都會舉行一次團隊會議，討論當前進行的研究。我來到這裡之前，並沒有時間或興趣深入閱讀與探索這些學術論文，於是我找到了一個能夠參與討論的巧妙方法。在其他人都發表了各自的意見之後，我會問一句「為什麼？」這個隨機拋出的「為什麼」足以讓其他人感到困惑，然後重新開啟一場熱烈的討論，同時也確保我對討論做出了貢獻。

在返回以色列前，他們為我舉辦了歡送派對，並送我一件印有「WHY」字樣的T恤作為小禮物。所長在致詞中特別感謝我在團隊討論中的「克制」。該機構之前曾接待過幾位以色列研究員，對我們的印象常常是會擅自插話，不尊重其他人。然而，在他眼中，我則是一位謙虛、謹慎且有禮貌的人，同時也是一位傑出的研究者，擅長重新思考問題。

我感謝他送給我的T恤，以及對我「為什麼」問題的肯定，有一瞬間我想多說幾句話……但最終還是忍住了。

我當時想要說的話，其實可以濃縮為兩個簡單的詞彙：「為什麼—是什麼」（Why-What）。在希伯來文中，這兩個詞彙押韻，但在英語中，則讓人覺得較為好辯。

「為什麼—是什麼」的結合是種狐狸型俚語，意味著狐狸拒絕放棄任何理論問題，同時對尋找實際意義不願妥協。我不將「為什麼？」視為獨立的問題，它必須應用於實際情境。「是什麼」和「為什麼」兩者相互依存，才能闡明真正的意涵。

狐狸透過問「為什麼？」來處理「是什麼？」的問題，並透過問「是什麼？」來解決「為什麼？」的問題。然後在兩者之間建立一種循環關係。如此一來，狐狸得以獲得新見解。

我在奧勒岡進修的那年冬天，一位朋友邀請我參加雪地求生之旅。他大概以為，既然我曾是軍官，應該會對高風險的冒險活動有興趣。這趟求生之旅包括整天在群山間以雪橇滑行，四周只有看似無盡的雪原，遠離任何村莊與人群。此行共計三天，晚上必須在雪地裡搭帳篷。緊裹在睡袋裡，顫抖著直到天亮。然後，起床後又是另一個艱難的一天。朋友形容這趟旅行「有趣」且有助於「澄清思緒」。然而，從一開始，我就意識到他對於如何在雪地行走與駕馭雪橇，掌握了許多我完全不懂的技巧。

顯然，雪有不同的類型，硬度也各不相同。對於不熟悉這些差異的人來說，很可能會掉進數十公尺深的雪坑而不自知。而我朋友擁有一套豐富的詞彙來描述各種雪況，使他能夠辨識並避開這類危險。但我沒有這樣的語言工具可供依賴，因為在我的家鄉以色列，只有一個詞來描述雪——那就是「雪」（snow）。

當天晚上，我意識到自己只是勉強撐過這一天。如果我再不學些當地各種有關雪的詞彙，那麼接下來的行程中，我很可能會遇上今天僥倖避開的危險。於是，在帳篷搭好、沒別的事可做時，我開始請教朋友各種有關雪的詞彙，包括這些詞的意思、如何區分它們，以及在不同情境下應該如何運用。

第二天，我已經掌握了大約十個與雪相關的新詞。其中一些是常見且熟悉的詞彙，我朋友很快就教會了我；但還有一些詞，他只能用描述的方式來解釋，卻無法提供確切的詞彙——可能是因為他從未需要用言語來表達這些知識。

這意味著，我必須自己為這些概念想出適當的詞彙。

隔日，我進一步收集了與這些概念相關的聯想與額外見解，增強了自己區分它們的能力。到了第三天，我已經幾乎是一名能夠熟練在雪地中行動與生存的「專家」了。

我們用「為什麼？」來豐富詞彙，我們在執行「是什麼？」時就能更精確。我們在特定情境中推測各種可能性的能力越來越強，因此，我們對周圍環境的判斷與行動表現也隨之提升。

依賴駱駝生存的貝都因人（Bedouins）有一百多個描述駱駝的詞彙。他他們幾乎是自然而然地從自己的社群中習得這些豐富的用語。然而，二十一世紀的生活為我們帶來新情境，我們卻沒有足夠的詞彙用以定義新情境。《星際大奇航》（*The Hitchhiker's Guide to the Galaxy*）的作者道格拉斯・亞當斯（Douglas Adams）曾與約翰・洛伊德（John Lloyd）共同編寫了字典，為尚未被命名的事物創造詞彙，並將這種表達方式稱為「生命的意義」（The Meaning of Life）。[26]

我們都曾經歷過一些共同的體驗、情感與情境，卻發現自己找不到適當的詞彙來描述它們。在這種情況下，我們往往會勉強套用熟悉的詞彙，即使它們無法完全準確地傳達真正的含義。這使我們錯失了「為什麼—是什麼」的深層意義。隨著人類環境不斷改變與益加複雜，我們所經歷的事物與現有詞彙之間的落差也日益擴大。

當我們必須決定是要透過豐富語言來深化思考，還是維持現有的貧乏詞彙時，我們往往選擇了不夠貼切的詞彙。因為這樣的選擇，我們錯失了亞當斯和洛伊德在續集中所探討的「生命的深層意義」（The Deeper Meaning of Life）。[27]

---

26. Adams, D.; Lloyd, J. (1983) *The Meaning of Life*, Pan Books.

我在這裡指的詞彙，不只是可以從字典中選出的詞彙，就像刺蝟經常做的那樣。這些詞彙固然很重要，但它們本身只能提供人類學家克里弗德．紀爾茲（Clifford Geertz）定義為「淺薄描述」（Thin Description）的現實。使用一般用語來定義事物的客觀辭典描述，通常無法提供比「淺薄描述」更多的內容。[28]與枯燥、事實性的「淺薄描述」相反，紀爾茲提出「厚實精確」的概念，強調一種多層次、多維度的豐富詮釋，以更深刻地表達我們對所見與所經歷事物的理解。

為了在不斷變化的現實中有效運作，我們不應該只用一般詞彙來描述自身的特定情況。[29]

狐狸型思維者遇到新的現實時，會注意用來描述它的詞彙，並在發現現有詞彙無法解釋與描述時，會開始尋找新概念，並透過「為什麼—是什麼」的探問，將其意義轉化為可操作的用語。

這樣，狐狸型智慧與狐狸型實踐得以融合。

27. Adams, D.; Lloyd, J. (1990) *The Deeper Meaning of Life*, Pan Books & Faber.

28. *Clifford Geertz: Work and Legacy*. Institute for Advanced Study IAS. https://www.ias.edu/clifford-geertz-work-and-legacy

29. 我在這裡描述的，即是將思考和語言實驗賦予意義的過程，海德格稱之為「闡明」（articulation），這種行為能夠豐富我們的表達和觀察能力。善於表達的人擁有廣泛的詞彙，並且善加利用它們來進行精細的觀察。相對於善於表達的過程，海德格提出了「語義污染的病理學」（Pathology of Semantic Contamination），指的是當我們用同一個詞語來詮釋不同事物時，所產生的意義混淆。Heidegger, M. (1962). Being and Time, Trans. J. Macquarrie and E. Robinson. New York: Harper & Row: Heidegger, (1996) M. *On the Way to Language, in Basic Writings*, London: Rutledge. Pp. 393-426.

筆記22

狐狸型葫蘆

狐狸的思考與行動之藝術，類似於「葫蘆」（Full House）的藝術。「葫蘆」這個概念源自撲克牌遊戲。在其原始語境中，它指的是由三張相同點數的牌加上一對另一點數的牌所組成的牌組，例如三張女王與兩張十點。在撲克牌遊戲中，還有更好但更罕見的牌組，也有不那麼厲害但更常見的牌組。而在一場遊戲中，能打出最佳「葫蘆」的玩家便能獲勝。[30]

存在於撲克牌遊戲中的困境是，在大部分時間裡，玩家手上的牌都是「不完整

30. 撲克牌遊戲的規則與能展示的不同牌組，比我以上所描述的更多樣化。我們這裡所談的不需要了解更多細節。

的組合」，缺少關鍵的牌來完成理想的牌組。

撲克牌獨特而迷人之處在於儘管牌組的數量是固定且已知的，每種點數的牌張數也清楚可計，但僅靠計算可能的組合，即透過機率模型的控制，並無法保證獲勝。好的撲克牌玩家，能夠將自己的知識與機率相結合，而優秀的撲克牌玩家不僅具有豐富的玩牌經驗，還懂得如何運用直覺，讀懂其他玩家的心理狀態。他們必須學會讀懂對手的「撲克臉」，避免讓對手知道自己手上牌組的好壞，並評估對手是否有比自己更好的牌。

撲克牌中的困境不僅在於如何獲得能夠完成手上牌組的那張牌，同時也在於決定是否應該繼續使用手上的牌，還是還是賭一把，換一手新牌。這種來自撲克牌藝術的思考過程，正是狐狸型思維的關鍵。於此，你的能力將受到考驗，測試你是否能掌握差異與多樣性，而不是追隨看起來很明顯的趨勢。狐狸能夠在接受現有條件與創造新組合之間保持不斷流動，進而開拓出全新的可能性，這就是狐狸型的「葫蘆」。

與撲克牌不同，人生中的牌並非明確定義的「國王」、「皇后」或「黑桃七」，而是更像飄忽不定的雲朵，形狀與本質都模糊不清。你必須根據自己對局勢

（本身也充滿不確定性）的感知，賦予這些牌意義。你對局勢「雲霧般」的感知，會影響你如何選擇手中的牌，而你選擇的牌，又會反過來影響你對局勢的感知，形成一個不斷循環的互動。

狐狸採用一種特別的藝術行動方式，他們時刻都在注意到可能出現意想不到的牌，這張牌可能助他們完成一手好牌，但也警惕著一切崩盤、需要重新組牌的可能性。他們嘗試用「底牌」得到「葫蘆」，也就是依靠那些與當前假設緊密相連的牌，希望能以此獲勝。同時，他們也關注「公共牌」，這些牌或許能幫助他們實現原定計畫，或者促使他們靈活調整策略，組成更強的一手「葫蘆」。

「葫蘆」思維同樣反映出狐狸對於多種可能性與不同達成目標的方法的認識。正是那些出乎意料的選項，往往更具吸引力，也更具潛力。只有當你持續向前，並勇於嘗試未來可能出現的「意外之牌」，這些機會才會浮現。

「葫蘆」思維與創造力有著深刻的聯繫。按照這一原則思考與行動，是狐狸能夠保持持續創新的祕訣——這種創造力不僅令人興奮，更能帶來豐厚的回報。

弗拉基米爾・納博科夫（Vladimir Nabokov）因《洛麗塔》（*Lolita*）而廣為人知，且被許多文學家認為是二十世紀最偉大的散文作家之一，其生活、思考和行動模式都像狐狸。在一九七七年去世前，他下令燒毀一個小紙盒，裡面裝著一百三十八張約五乘三英吋的紙卡，上面寫著他大多數著作的想法。這些正是他未能完成的一系列書籍的「牌」（cards）。然而，他的妻兒並沒有遵照他的遺願。納博科夫的兒子迪米崔（Dimitri）繼承並編輯了他父親的手稿，並將這些紙卡保存在瑞士銀行的保險箱裡。三十多年來，他不斷聲稱他將公開這些手稿的內容，並整理成書。最終，在二〇一〇年，這本書終於出版，即《蘿拉的原型》（*The Original of Laura*，暫譯）[31]。

納博科夫不僅是作家，也是備受推崇的蝴蝶研究者。他周遊世界各地，尋找蝴蝶。即使晚年已定居瑞士，仍會進行短暫的自然探險。這些平凡旅行成為他文學創作中不可或缺的一部分。他每次旅行歸來，總會帶回新的想法而「重新洗牌」，也就是重新調整他的紙卡。

這是一場思想與創意的「葫蘆」遊戲。當納博科夫在野外漫步，追逐那些絢麗的蝶翼時，他無法預測自己會萌生哪些新想法，更無法確知這些新靈感是否會影響，或者如何影響他已寫下的筆記——那些象徵他「葫蘆」的構思紙卡。我想像他回家後，打開他的紙盒，翻閱著那些紙卡，藉由改變順序來創造出新的「葫蘆」，從而賦予故事意想不到的轉折，使整部小說走向嶄新的方向。

納博科夫在文學創作中巧妙交織他的思想，這點從他的寫作風格中可見一斑。他的作品詞彙豐富，角色立體且多層次，幾乎每一句話都值得引用，並蘊含深度的引導推論層次，帶給讀者意想不到的啟發。我舉《普寧》（*Pnin*，暫譯）中的一個例子，他形容主角「摘下眼鏡凝望過去，同時揉拭當下的鏡片」[32]。

納博科夫的創作展現了狐狸般的靈活與創造力，他的「葫蘆」思維體現在文學作品之中。而接下來要探討的「葫蘆」，則是一種可應用於人生各種複雜情境的藝術。

---

31. Vladimir Nabokov. *Details of a Sunset & Other Stories*. Goodreads. com/book/show/71237.Details_of_a_Sunset_Other_Stories
32. 編註：這句話以簡短而富有畫面感的形式，展現主角在回憶與現實之間游移的心理狀態。

筆記23

用於處理生活中複雜情況的狐狸型葫蘆

史蒂芬・傑伊・古爾德（Stephen Jay Gould）是達爾文進化理論中最具影響力的分析家之一。他在哈佛大學教授科學史與動物學，直到二〇〇二年去世。他之所以聲名大噪，不僅是因為他的科學成就，還因為他寫了許多給一般大眾的書，書中以簡單生動的方式解釋物種演化的統計要素。古爾德在《葫蘆》（*Full House*）一書中[33]，分享他在四十歲時被診斷出患有腹膜間皮細胞瘤（peritoneal mesothelioma），這是一種侵襲腹膜的致命癌症。他被告知這是不治之症，預估只剩八個月的壽命。古爾德感到震驚與絕望，他開始思考自己的命運，以及在有限的

33. Gould Stephen Jay (1996) *FULL HOUSE*. Crown Publishers. New York.

生命時間裡該做些什麼。

當他從最初震驚中恢復過來後，身為一名受過訓練的統計學家，他埋首於有關腹膜間皮細胞瘤的科學論文中。他對物種演化與多樣性的了解，使他對中位數值保持謹慎小心的態度。畢竟，中位數不過是抽象的統計數據，不適用於任何特定的生物。

他開始思考自己病例的統計變異性，並意識到數據在右側的分布遠大於左側的分布。這是因為左側的最低值是零，即剛確診便立即死亡，而統計上的中位數為八個月；但右側的分布則沒有明確的上限，理論上可以遠超過八個月的生存期。

他決定不將自己的機會視為抽象統計數據，而是運用「葫蘆」型思維方式來評估自己的狀況。他手中有一些好牌。首先，憑藉自身的專業經驗與累積的知識，他能夠察覺預後評估可能並不完全準確。其次，他的經驗以及其他值得信賴的案例表明，積極的心態在對抗重病的過程中扮演著重要角色。第三，他的年齡相對較輕。第四，他擁有一個支持他的家庭。第五，他所在的城市擁有專門治療此類疾病的頂尖醫院，能提供高品質的醫療照護。最後，他相對幸運，病情發現得還算早。換句話說，他手中擁有幾張不錯的「牌」，足以組成一手屬於自己的「葫蘆」。深入研究醫學文獻之後，他發現確實有些患者在確診後活上許多年。古爾德認為自己也能，尤其是他還有機會接受新型的試驗性治療。憑藉這套「葫蘆」思維，他成功活了二十年，直至二〇〇二年去世。

有些人可能會認為他只是運氣好，人們見到他人戰勝逆境時，通常會這樣說。但我們不應該把很明顯超越運氣範疇的事情歸功於單純的運氣。古爾德的案例只是無數看似「極端幸運」的案例之一。然而，當你主動參與人生「葫蘆」遊戲時，你不只是被動接受命運安排的棋子，而是積極參與其中的玩家。透過這種方式，你將更有能力去創造那些通常被視為「運氣」的機會。即便幸運降臨，無論是好是壞，你仍然需要知道如何將其轉化為有利條件，至少也要讓它能夠豐富你手中的「葫蘆」組合。「葫蘆」策略的核心是承認多樣性與多變性是成功的關鍵，也是我們能夠從不幸境遇中解脫出來的能力。成功不只是命運為我們召喚出的一連串事件。它取決於我們如何將手中的新機遇重新組織，形成屬於自己的「葫蘆」，並在必要時靈活調整，讓這組牌變得更有利。

「葫蘆」是一種策略，能將某個情境或經驗領域的洞察力轉化到另一處。狐狸總是有許多感興趣的領域，因此會在這些領域之間移動，轉而豐富每個領域。

古爾德在其著作中的序言中寫道：「差異性與多樣性並非可以減少的事物。它們是真實具體的，因為它們涵蓋了構成世界的一切。」他主要的建議是，我們應該放掉刺蝟型思維，不再僅依賴普遍認知來描述和接受世界，而應該擁抱多樣性，探索更豐富、更具深度的理解方式。

「葫蘆」意味著總是採用「這個與那個」（This and That）的策略，並盡可能避免陷入「非此即彼」（Either-Or）的情況。「非此即彼」的情況指的是只關注最有潛力的一張牌（如A或K），而忽略了其他牌可能組合出的潛在優勢。

我們在生活中不僅會遇到無法預測的機遇而開啟新可能性，還會遇到意想不到的障礙，使我們難以完成牌組，甚至無法使用原本寄予厚望的那張牌。到那時，看似開放的選擇變成了我們無法跨越的障礙。狐狸能夠擺脫這類困境，關鍵在於確保自己置身於「這個與那個」以及「葫蘆」的策略中，靈活應對變化，確保自己始終擁有多種可能性。

我發現這種方法對我特別有效，尤其是在與刺蝟型思維者互動時。這樣的情況常常讓刺蝟感到壓力，因此他們很容易陷入「非此即彼」的反應。不幸的是，這會使他們的處境變成零和賽局（zero-sum game），非勝即敗。我則透過識別額外的影響因素，將「非此即彼」的局面轉變成更加複雜的「這個與那個」問題，讓衝突問題成為一個更大、多重面向議題中的一小部分，最終逐漸失去其重要性。如此一來，我便能將零和賽局轉變為變和賽局（varying-sum game）。[34]

這裡舉個例子來說明「這個與那個」思維的好處。每年夏天，猶太組織以色列禱告之家（Bina）會在特拉維夫海港公園為大眾舉辦迎接安息日的儀式（kabalat Shabbat）。我很喜歡參加這些儀式，因為除了傳統的祈禱，它們還融合了朗讀、音樂表演以及更世俗的歌曲。遠方的夕陽為這場儀式增添了一種特殊的神聖與團結氛圍。

按照傳統，當念到禱文十八（shmone-esre18）時，信徒必須面向東方，朝向耶路撒冷。然而，從禱告區向東望去，映入眼簾的會是毫無神聖感的停車場。關於這個難題，改革派拉比巧妙地運用了「這個與那個」的解決方案，他說希伯來文中的「海」（yam）其實是「耶路撒冷」（Yerushalayim）的一部分，而地球是圓的，因此即便面朝西方、望向海上落日，仍然能將心靈導向耶路撒冷的神聖之地。

34. 參見維基百科上的「Zero-sum game」（零和賽局）。

狐狸保持警惕，避免陷入那些自稱掌握所有成功祕訣的管理學書籍的陷阱。這類書籍信奉啟人疑竇的價值，其中一個例子是暢銷書《追求卓越》（*In Search of Excellence*）[35]。這本書聲稱揭示了幾家蓬勃發展企業的共同成功因素。然而，該書出版不到五年，其中三分之二的公司就走向衰敗。

基於同樣的原因，狐狸小心謹慎，狐狸也不會輕易沉迷於Google這樣的成功案例，因為它屬於極端特殊的個案，並不能準確反映現實。這個故事講述了兩位天才：賴利．佩吉（Larry Page）與謝蓋爾．布林（Sergey Brin），他們在一九八八年懷抱「改變世界」的夢想，毅然決然地放棄史丹佛大學的學業。幾年後，他們成功讓夢想成為現實。他們開發了一種「組織全球資訊，讓所有人都能輕鬆存取」的革命性快速搜尋演算法。

狐狸從不低估那些擁有膽識與天賦、改變世界的創舉，但他們始終保持清醒，意識到這些成功案例往往只是對非凡成就的事後解釋。相較之下，狐狸會認為這樣的成功是來自於運用「葫蘆」過程創造出全新類別，而實現的突破。

或許聽起來，我似乎認為「葫蘆」可以解釋世間萬事萬物，但其實並非如此。我並不認為「葫蘆」、狐狸型思維，以及本書中所提出的其他概念，是人生或商業成功的萬能法則。真正的成功，往往取決於如何靈活運用這些概念，並與其他要素結合，依據特定情境加以調整與運作。

---

35. Waterman, R.H.; Peters, T.J. Jr. (1982) *In Search Of Excellence – Lessons From America's Best-Run Companies*, Harper & Row Publishers.

筆記24

狐狸如何知道自己原本不知道的事

二〇〇二年二月十二日美國國防部的記者會上，時任國防部長唐納・倫斯斐（Donald Rumsfeld）被問及，在入侵伊拉克之前是否無法知道該國是否擁有大規模殺傷性武器，從而使美國發動戰爭的理由變得毫無根據。倫斯斐對此回答道：「有些事我們知道自己知道，有些事我們知道自己不知道。但也有一些事我們不知道自己不知道。」

即使是習慣了倫斯斐機智應對的記者們，也需要一點時間從這拐彎抹角的回答中回神。然而的確，政府和倫斯斐應該為他們「不知道自己不知道的事」負責嗎？在這種情況下，這是否是一個無懈可擊的答案？我們真的無法得知那些我們尚未察覺的未知嗎？這個問題值得進一步探討。

我們通常將知識分為三種類別：

●我們熟悉的知識——已知（the Known，簡稱K）

●我們知道自己缺乏的知識——已知的未知（the Known Not Known，簡稱KNK）

●我們不知道自己不知道的知識——未知的未知（the Not Known Not Known，簡稱NKNK）

這三種類別可以用圖4來表示。

圖 4 我們的知識

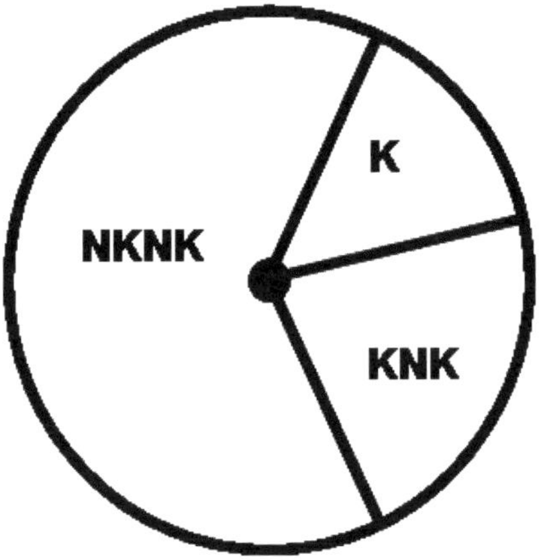

圖中的K代表人們透過固定感知模式而知道的事物。KNK代表他們知道自己不知道的事物。NKNK代表我們不知道其存在的知識[36]。這類知識超出我們思維模式的範圍[37]。

一生中，我們不可避免地需要在「我們不知道自己不知道」的領域內行動。事實上，這些情況比我們願意承認的還常見，而且我們常常選擇忽略它們。我們根據既有的感知系統行動，把自己困在「已知」和「已知的未知」的領域中，而那些顛覆既有感知的威脅或機會，則存在於「未知的未知」中，超出我們認知系統能詮釋的範圍。

在日常生活的例行活動中，我們主要在「已知」和「已知的未知」的思考與行動範圍內運作。例如：「我今天的投資組合包含哪些資產？」「我應該什麼時候離開家，這樣我才能準時從幼兒園接孩子回來，又不會耽誤到稍後的會議？」問題不

36. 我必須承認此圖表有一些誤導成分。NKNK與K和KNK不同，後者確實可以被量化成圖表，而NKNK的獨特之處在於我們不知道自己不知道的事情則無法被衡量或量化。卡爾．波普爾（Karl Popper）將這歸因於：「我們的知識只能是有限的，而我們的無知必然是無限的。」

37. 參見維基百科上的「Mindset」（思維模式）。

斷地湧向我們。

在我們的組織中，我們也著迷於收集我們知道自己不知道的事情的知識，而這些通常是在我們已知的範圍內運作。我們收集客戶的資訊，以便更即時滿足他們的需求，甚至對還不是客戶的人也是。在大型企業中，我們有資源以收集與分析公司已知並認為重要的資訊，以便監督與控制其內部運作。

我們生活在一種教育我們透過「已知」的理解來尋找「已知的未知」的答案的文化中。我們在學校裡就被教育這樣做，例如在數學課上求解兩個未知數時，大多數人將這個問題理解為要透過我們的「已知」的邏輯來解方程式。

在這種邏輯中，「我們如何知道並解決我們不知道自己應該知道的事？」這問題確實令人尷尬。這類問題最好留給哲學家，因為他們專門探討那些無解的問題。只有當我們忽略自己的狐狸技能時，才無法回答「未知的未知」的問題。狐狸技能可以幫助我們，即便對「已知」缺乏清晰的感知模型，仍可記錄下我們的經驗。

狐狸藉著問自己可以從所處情境中學到什麼新事物，以解決這個看似無法回答的悖論。這被稱為「隱性理解」（Tacit Understanding）[38]，即狐狸在對某事物的意義沒有任何概念模型之前，體驗此事物時所得出的隱性結論。

就像所有狐狸型特質一樣，這也是一種我們都擁有但沒有啟動的能力。我們學到任何關於平衡的理論或相關知識之前，就已學會騎單車。在理論之前，我們便已經透過經驗學習了這些事物，我們不時會經歷這個過程，但卻沒有意識到它的重要性。

在筆記10〈狐狸型自由〉中，我透過經驗展示了一種新的隱性理解。

我是在一條狹窄的海灘上行走時寫下這篇筆記的。起初，我將這條海岸視為「交界地帶」，這是我最能自在行走的地方，也對公園植被影響最小的區域，因為這裡沒有植物生長，甚至連我的腳印都會被海浪沖刷掉。這次散步具體體驗「交界地帶」的意義，而那是我發現自己意識最清明之地。海浪到達的地方會不斷變化，所以我必須時刻留意不要走得太近，以免弄濕我的鞋子。這種體驗與專注的覺察，使我開始思考「交界地帶」的更多意義：不僅是海浪的運動，也延伸到我個人的生

---

38. 較為常見的概念是「隱性知識」（Tacit Knowledge），但我刻意使用「隱性理解」（Tacit Understanding），在這裡指稱一種早於所有知識之前的隱藏理解。

命經驗，甚至整個人生的流轉，以及我可以從中得出的新見解。

事實上，我們大多數新的感受與理解，往往來自於經驗NKK——在獲得足夠的認識論的知識之前，刻意不知道我們已默默知道的東西。

這種知識是能透過行動獲得的。我覺得自己因為某段經驗而理解了某個事物，但我尚未擁有一個能準確解釋它的感知模型。

讓我們重新繪製我們的知識圓餅圖，這次著重於觀察「NKK」可能帶來的變化。

圖 5 加上 NKK 的知識餅圖

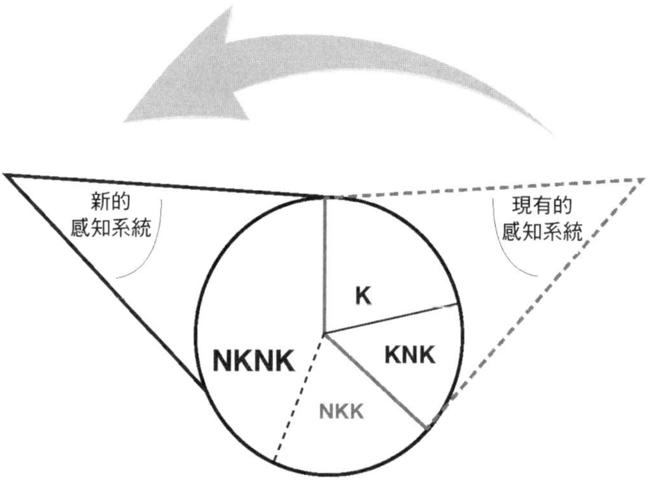

從經驗中誕生的隱性知識是我們內在創造力的泉源。它之所以隱而未現，是因為它尚未符合我們既有的感知模型。然而，它蘊藏著巨大的潛力，能將我們從既定思維中帶離，進而改變並豐富我們的認知架構。

狐狸知道在任何時刻，總有一些知識是他們不知道的。因此，他們必須保持對他們不知道自己已經知道的事情，即對他們的隱性理解保持敏銳。當刺蝟困在 K（已知）和 KNK（已知的未知）的領域中時，狐狸則在 NKK（尚未意識到的已知）中尋找機會。他們也很清楚 NKK 沒有界線。任何知識都只能是片段性且暫時正確的。我們永遠無法掌握「所有」知識，更不可能在所有知識的基礎上行動。NKNK（未知的未知）是無限、不斷變化且具多重面向。在這個複雜的世界中，總是存在著隱藏的 NKK，等待我們去發掘。倘若我們能善用這些潛在的 NKK，我們就能向 NKNK 邁出更大的一步。

讀者可能會問，該如何實現這樣的「魔法」？我將會在第四部分：「如何強化我們內在的狐狸型特質」引領你進一步探索這個看似神奇的領域。

筆記25

當狐狸不知該往何處去，如何規畫下一步

在前一篇筆記中，我探討狐狸如何知道他們不知道自己不知道的事情並採取行動的奇特問題。在這篇筆記中，我想提出一個相輔相成的問題，這個問題聽起來同樣奇特，那就是，如果狐狸還不知道自己該去哪裡，他們又該如何規畫自己的路線呢？

狐狸的成功並非仰賴啟程時就完全了解自己的目標，也不取決於在T0（零時間，即出發時刻）就做好「精準」的計畫，以確保能實現目標。他們的成功關鍵，在於學習與辨識——每當現實與他們的預期產生落差時，他們能夠及時察覺，並重新調整目標。他們的旅程不是線性、一步到位的，而是一個持續修正的過程：在T2、T3、T4、T5……等時間點上，不斷從實踐中吸取經驗，重新設計方向，並帶著

新的領悟繼續前行。

狐狸明白規畫是必要的方法學思考過程，讓他們能夠釐清目標，思考實現這些目標所必須採取的行動，並規畫達到這些目標所需的關鍵步驟與資源。在規畫過程中，狐狸會產生深刻見解與行動方針。儘管如此，狐狸並不會被自己的計畫束縛，他們從一開始就明白，計畫往往趕不上變化，未來勢必需要進行重大調整。艾森豪威爾將軍（General Eisenhower）曾說：「計畫無用，規畫卻是一切。」這句話的意思是，規畫的最大價值，不在於計畫本身，而是在規畫過程中所產生的思考、概念與洞察——這些才能真正幫助狐狸在現實情況偏離計畫時，靈活應對並做出正確決策。

當我「計畫」寫這本書時，我對於要寫什麼以及寫書的目的，只抱持著一個模糊的概念。在實際撰寫的過程中，這些目標才逐漸變得清晰，並且多次發生變化。當我們開始一個新計畫時也是如此。這種模糊性無法透過事前的深思熟慮與規畫完全消除，因為目標往往是在我們嘗試實現它們的過程中，才逐步變得清楚，甚至可能產生變化。

別以為這種模糊性只存在於寫書或啟動新計畫等創意活動中，也別以為它僅發生在日常活動之外的領域。事實上，我們人生中面對的許多重大問題，本質上都是模糊不清的。為了應對這些問題，我們必須在摸索前行的過程中，不斷累積新的見解，才能真正理解它們。當美國陸軍將領湯米．佛蘭克將軍（General Tommy Frank）受命規畫並指揮美軍進攻伊拉克時，當時的美國總統布希給他的任務只有簡單一句話：「解放伊拉克」（Liberate Iraq）。但這句話到底什麼意思？要達成這個目標需要哪些行動？當他打敗伊拉克軍隊，攻占巴格達並推倒市中心廣場上的海珊（Saddam Hussein）雕像時，算是完成任務嗎？當他發現海珊的藏身之處，最終將他送上法庭並處以絞刑時，他達成目標了嗎？或是兩年後伊拉克舉行了第一次自由選舉時，才算完成任務？還是當聯軍部隊讓伊拉克維持相對秩序與安全時，或當美軍從伊拉克撤離並回國時，才能算是完成「解放」？「解放伊拉克」到底是什麼意思[39]？

企業經理人在制定業務目標時，往往也會遇到類似的情況。例如：「為客戶提供額外的重要價值。」這其實是個模糊的概念，需要理解與重新詮釋每個特定隱含

39. Klein, G. (2007) "Flexecution as a Paradigm for Replanning, Part 1," *Intelligent Systems*, Vol. 22 no. 5.

目標以及可能實現它們的方式。在每個層面上，任務的意義僅是局部且暫時地被理解。

正因為如此，狐狸們在不知道自己要去哪裡的情況下計畫前進的路，這想法並不荒謬。乍看之下可能很荒謬，是因為我們對於「計畫」與「執行」之間的關聯性，受到建造房屋、橋樑、生產系統等物質世界的影響。在這些領域，規畫與執行是明確分開的，且在完成規畫之前，執行不會啟動。成功的執行取決於事前的系統性規畫，即使在工程領域中，這更像是一種模擬推演而非最終定案。事實上，在許多複雜的工程項目中，即便在執行階段，原定計畫仍會不斷調整與變更。

我們對規畫與執行之間的關係的理解，深受工業管理理論的影響，並因此確立了一種邏輯，即規畫與執行是兩個獨立的階段，它們發生在不同的時間、由不同的人執行，且在不同的場域進行。然而，狐狸型思維對於規畫與執行的關係，則與我們在前一則筆記中所討論的內容密切相關：成功不在於K（已知）與KNK（已知但未知）之間的範圍，而在於我們能否在NKK（尚未意識到的已知）的領域中思考與行動，進而推進到NKNK（未知的未知）之中。透過在NKK中的經驗，我們必須不斷重新檢視手中的「葫蘆牌組」，然後重新計畫再次啟程前往NKNK領域的新路線。

狐狸型規畫更像軟體開發中的敏捷專案管理（Agile Project Management）[40]。這個方法的核心在於有多個開發週期，而且初步計畫可能會在開發過程中改變。管理敏捷專案需要高度的技能、創造力以及對變化的開放態度——這不僅適用於管理團隊，也適用於負責執行的團隊。專案過程中的雙向交流機制，讓供應商與客戶能夠在每個階段持續溝通與互動。客戶在每個版本發布時，都能提供反饋，並根據當下體驗調整原始需求，從而獲得新的見解，然後進入新一輪的規畫與開發。

在這種模式中，回饋是關鍵因素，因為它確保專案能夠根據客戶的實際需求進行調整，最終打造出最符合的解決方案。這與傳統的專案管理流程截然不同，傳統方式通常會先明確規畫並達成共識，再根據事先確立的需求來構建最終方案。然而，運用敏捷方法時，規畫與執行之間沒有明確界線，相反，它是一個快速進行的不完整問題和解決方案的循環過程。進度以螺旋式循環的方式推進，透過不斷修正規畫、執行方案、學習經驗，再進一步改進解決方案，如此反覆運行，直至達成足

40. https://en.wikipedia.org/wiki/Agile_software_development

夠精準的成果。

寫書的過程也是種敏捷專案。本書中每則筆記與整體內容都經歷了多次更動，每個版本都比前一個好，因此下一個版本總能有更好、更明確的結果。然而，我仍認為狐狸型規畫與敏捷規畫之間有個關鍵差異。在狐狸型思維中，即使專案已交付給客戶，專案也沒有完成。因此「狐狸型專案」沒有結束的時候。可以說，在我看來，即使這本書已經出版，我的工作仍未結束。本書第一版於七年前出版[41]，事實上，在那之後不久，我已經開始累積第二版的草稿，即是你現在正在讀的版本。這個版本也不是最終版，它很可能會被用作未來發展的基礎。

---

41. Tzvi Lanir, (2013) *The Fox's Notepad*, Mendele Online Publishing（以希伯來文寫成）。

筆記26

科技狐狸的實踐

新的類別是針對現有需求提供全新解決方案，或是針對我們未曾察覺的需求提出創新解方。這些新類別的誕生，來自於一系列不同領域的發展，這些領域原本彼此關聯並不明顯，但在新類別的創建過程中，它們被系統性地結合在一起。這種創新不僅發生在科技領域，更廣泛存在於生活的各個面向，但我們往往對科技類別的創新印象最深刻。

以動力車輛類別為例，其核心技術是內燃機的發明。但如果沒有一系列在不同領域的各種發明的幫助，動力車輛的類別不會出現。然而，這些發明與內燃機的概念最初並不明顯相關，例如橡膠產業的新發展或道路鋪設的新技術。

新類別的出現解決了當時看似無法解決的問題。例如，馬車時代，街道上堆積如山的馬糞造成市中心嚴重的環境問題，動力車輛的發明意外解決了這個問題，即使發明者最初沒有預見車輛和馬糞之間的相關性。

新類別的創建也同時創造了新產業、新企業與新市場。不僅在動力車輛行業是如此，航空、旅遊、電視、電話、數位攝影、媒體、行動網路、創業投資、電腦、網路和社群媒體等領域，都曾因新技術的出現而開創出全新的市場格局。

近年來，新類別誕生的速度不斷加快，企業必須適應一種全新的現實——不僅產品的「世代」週期縮短，連既有的商業模式也迅速失去其相關性。如今，最關鍵的競爭已不再是市場份額的爭奪，而是如何在新類別的衝擊下存活，因為這些新類別會讓舊類別迅速過時。電子郵件讓郵政服務與傳真幾乎成為無關緊要的產業；數位相機淘汰了傳統底片相機；網路銀行澈底改變並持續改變傳統銀行系統；而網際網路則澈底顛覆了廣告、新聞與媒體等各種傳播領域

我們這個時代加速的科技創新，明顯有利於「科技狐狸」。這些狐狸在新類別的創造中尋找商機。當市場上的大型企業仍沿用刺蝟式邏輯開發和優化現有產品時，狐狸則專注於發掘開發全新類別的機會。

創建這些新類別的狐狸型衝動源自個人特質，也與狐狸樂於發現既有框架中的

裂縫和在「交界地帶」頻繁移動有直接關聯，這些都是創造新組合的源泉。

史蒂夫．賈伯斯（Steve Jobs）正是一隻典型的狐狸。他的天才之處不在於發明全新的技術，而是能夠洞察並重新詮釋既有技術的價值，將其組合成全新的類別。他能夠從現有發明中看見嶄新的可能性，而那些真正研發出技術的公司，卻往往無法察覺其中的潛力。

這是他的方法，類似於我在筆記11中所描述的「狐狸的萬能鑰匙」。賈伯斯不只一次這樣做。過去，他曾被指控從全錄（Xerox）公司竊取了圖形介面的構想，而這個介面後來成為蘋果電腦創建的重要基礎。對於這樣的指控，他的回應是：「我從不羞於竊取好點子。」這些技術概念與創意，都是他在一九七〇年代參訪全錄位於帕羅奧圖（Palo Alto）的研發部門時接觸到的。然而，全錄自我定位為影印機公司，始終未能突破自身的框架。他們受限於刺蝟型思維，未能理解自己技術的真正潛力，也無法將其轉化為顛覆性的創新。

賈伯斯當時最大的競爭對手是主宰手機與通信市場的諾基亞（Nokia）。諾基亞的龐大實力主要歸因於大量投資於開發新技術和不斷更新的技術。自千禧年以來，諾基亞在研究和開發上的投入超過四百億美元，這個數字是蘋果在那些年裡投資的四倍之多。

在二十一世紀初期，在第一款 iPhone 上市前七年，諾基亞的工程師已開發了具有彩色螢幕與單一主鍵的觸控螢幕手機。在蘋果推出 iPad 前十年，他們也開發了一款具有觸控螢幕與無線通訊功能的電腦。但是，公司管理高層沒有將這些發明變成全新的類別，錯失了顛覆市場的機會

諾基亞在一九九九年達到歐洲企業史上最高的市值：兩千零三十億歐元。但自二〇〇九年起，其利潤減少了百分之八十八，降至八億九千一百萬歐元，股價更下跌了百分之六十六，從二〇〇七年十一月的最高點二八・六〇歐元跌至二〇一〇年二月不到十歐元。遠遠將諾基亞拋在腦後的是賈伯斯和他的 iPad。二〇一一年一月，賈伯斯宣布蘋果手機銷量超越了諾基亞。

蘋果捨棄了「人們現在如何使用手機？」這個問題，取而代之的是提出「手機對人們來說代表什麼？」當賈伯斯將這兩個問題連結起來，「是什麼」問題與抽象、幾近哲學的「為什麼」的問題有了科技上結合的可能，他得出的結論是，手機在技術面來說已經超出了僅僅用於通話的階段。

他在手機領域引發的最大革命，就是讓手機成為人們的親密夥伴，滿足個人、

情感與體驗層面的需求。這讓他對科技發展有了新的理解——關鍵不僅在於技術突破，更在於設計與感官體驗的提升。

蘋果還創造了一個新概念，名為「iPhone」的標語，這個名稱不僅是一個產品標誌，更成為了代表使用者情感與體驗的符號，從而確立了一個全新的類別。

賈伯斯這位狐狸型人物不只一次創建新類別。他在開發 iPod 時，再次展現了這種能力。當賈伯斯開始設計 iPod 時，市場上所有競爭者都掌握下載音樂的技術。在專業會議上，每個人都在談論 Napster 以及它對傳統音樂行業造成的影響，也有人關注網路的崛起力量與其帶來的新可能性。「如何下載音樂」的技術問題已經被解決，有人因此認為賈伯斯只是竊取它。但事實並非如此。創建一個新類別需要在「是什麼」和「為什麼」之間不斷進行認知整合。只有這樣的結合，才能創造出事物的新類別邏輯，發掘那些其他人尚未察覺的可能性。

筆記27

社交與娛樂領域中的狐狸型思維

太陽馬戲團（Cirque du Soleil）的故事，是關於創造一種新的社交娛樂類別的故事。

馬戲團是最古老的娛樂形式之一，數百年來，它也是主要的娛樂形式。但在二十世紀，新形式娛樂突然出現：電視、電影和電子遊戲。孩子們更喜歡看卡通，或玩 PlayStation 上的遊戲。這些轉變徹底改變了人類對娛樂的需求，也讓馬戲團面臨越來越多的競爭。傳統馬戲團的收入逐漸減少，營運成本卻不斷上升。飼養與訓練動物的成本、醫療、存放場地、保險、場地租借、運輸等開銷日益增加。法規與地方限制也變得更加嚴格，動物權利團體的成立也使得動物表演受到強烈抗議。馬戲團被迫減少動物表演的比例，而這又進一步降低了它們對主要觀眾——兒童的吸引力。

蓋・拉里貝代（Guy Laliberté）是位馬戲人，也是少數仍在業內工作的人。原本是一名馴獸師，而馴獸本身已是一門極為複雜的技藝，但為了謀生，他不得不轉型為多才多藝的表演者——他會演奏手風琴、踩高蹺雜耍和吞火戲法。然而，即便他擁有這麼多技藝，仍無法確保經濟穩定。當他發現自己無法靠這些本領維持生計時，他別無選擇，只能變成一隻狐狸，尋找新的出路。他與幾位在馬戲團界的同行攜手合作，逐步改變了傳統馬戲的面貌，創造出一種全新的娛樂形式，並成功打造出一個蓬勃發展的商業模式。

在慢慢嘗試與失敗的過程中，他們重新塑造了一種全新的「葫蘆」馬戲團娛樂體驗。他們在既有的傳統馬戲基礎上發展，將「手上的牌」加以運用，同時也從其他娛樂產業借鑑新的「牌」（元素），最終打造出自己的「葫蘆」——太陽馬戲團。

太陽馬戲團在許多方面都是一種新的娛樂形式。雖然傳統馬戲團並未完全消失，但其面貌已大幅改變。儘管太陽馬戲團不包含動物表演，它仍保留了馬戲團最核心的元素，使其能與其他娛樂形式區隔開來，並成為一種獨特的新型態表演藝術。

首先是帳篷，這在許多人眼中象徵著馬戲團的魔力，但裡面沒有坐起來不太舒服的傳統木椅或長凳。在太陽馬戲團的帳篷中，特別注重觀眾的舒適度與外部裝潢設計。經典的特技表演仍保留，展現傳統馬戲團的精湛技藝與高超表現力，但除此之外，他們還融入了光影與音效的震撼元素，這些在傳統馬戲團中從未出現過的。與傳統馬戲團不同，太陽馬戲團的表演皆以完整劇情為基礎，所有環節環環相扣，並搭配專為每場演出量身打造音樂，使整體表演更具敘事性與沉浸感。

傳統馬戲的小丑也被保留下來，但他們的新角色是扮演重要的智者，提供每場表演主要的邏輯線索，為表演增添了藝術性與深度。太陽馬戲團不使用活體動物，而是使用木偶和道具。在傳統馬戲團中，主要觀眾是兒童，成年人多半只是陪同前來。然而，太陽馬戲團的受眾以成人為主，他們熱衷於享受這場視覺盛宴，且較少攜帶孩子同行。票價高昂，專為願意支付高額費用、追求獨特藝術體驗的觀眾打造，這種體驗無法透過其他形式獲得。演出融合馬戲、劇場、歌劇、舞蹈與百老匯音樂劇的精髓，透過令人驚嘆的技藝、完美的和諧度與極具開創性的想像力，為觀眾呈現一場震撼感官的藝術饗宴。

對於熱愛劇院、音樂、舞蹈和特技（包括多媒體電子特技）的人來說，一種新的體驗驟然誕生，它不僅符合觀眾的興趣，甚至遠遠超越他們的期待。太陽馬戲團呈現了多層次娛樂領域的完美結合，是一場真正的感官盛宴。這種新式「葫蘆」組合既不同於傳統馬戲團，也與戲劇、舞蹈、歌劇、音樂劇、大型搖滾演唱會或電子表演等形式有所區隔，開創了獨一無二的娛樂類別。

這一切並非一蹴可幾，也不是透過完美的策略規畫與精密思考所誕生的。相反地，它們是多年經驗累積的結果，在這過程中，不斷調整「手中的牌」，汰換那些效果不佳的選擇。馬戲團的創新者經歷了多次設計循環，解決問題並調整方向，最終才找到致勝的王牌。

太陽馬戲團成立於一九八四年，起初只有二十名成員，設備和表演遠遠不及今日的水準。如今，太陽馬戲團已發展為一個擁有數千名藝術家與舞台工作人員的國際娛樂機構，並時常邀請特別嘉賓參與演出，巡演足跡遍布全球。截至目前，已有超過五千萬人觀看過他們的演出，使其成為加拿大最重要的娛樂輸出產業之一。

很多公司試圖模仿太陽馬戲團的模式，有些真的成功了，但沒有任何一家能超越它。

就像創造一個新的科技類別一樣，創造這種社交娛樂類別也不是單靠一個人的努力。這是透過精明的策略性合作所實現的。狐狸深知，要推動變革，必須組建一支多元化的團隊，確保成員在技能與特質上能夠相互補足。這種「互補矛盾」正是促成創新變革所需的關鍵創意動力。

華特・迪士尼（Walt Disney）也是狐狸型思維者，他曾提到某次和參觀迪士尼樂園的孩子的對話。

這個孩子好奇地問這位創造出米老鼠、白雪公主與小鹿斑比的大人物：「你是畫米老鼠的人嗎？」迪士尼愣了一下，然後回答說他並沒有親手畫出米老鼠。孩子接著問：「那你是寫笑話的人嗎？」迪士尼再次搖頭否認。孩子困惑地追問：「那麼，迪士尼先生，你到底是做什麼的呢？」迪士尼想了想，然後回答：「我走遍所有不同的工作室，收集花粉並施肥。我想這就是我的工作。」

就像太陽馬戲團一樣，如果沒有那些繪製角色、撰寫文本與創作笑話等才華洋溢的人士，就不可能建立迪士尼電影帝國。然而，這些創作並不完全屬於他們，而是誕生在狐狸型的「交界地帶」。狐狸型思維者就像是人類引擎，將各種元素巧妙融合，譜寫出我們如今熟知的完美類別交響曲。但要如何向四歲孩子解釋這種「交界地帶」的狐狸型思維究竟是什麼呢？

筆記28

狐狸型思維：轉化個人與社會的力量

我們在前面介紹過科技狐狸，其主要行動領域在科技產業。我們也遇到了社交娛樂狐狸，其主要行動領域在娛樂產業。現在，我想介紹「社會驅動狐狸」，即在自身與社會環境中進行轉型改變的狐狸。

大多數狐狸並不以商業為導向。他們踏上狐狸型旅程，並非因為想解決世界上的問題，而是出於自身生活中的困境，而這些個人挑戰可能最終引領他們找到解決更大社會問題的契機。

我希望用自己的經驗說明這種社會驅動的狐狸型思維，並展示我如何運用書中前三部分所描述的狐狸型思維和行動原則。

這個過程大約從十五年前的某天開始，當時我已經六十七歲，這年紀是人們期待你退休的年齡。

我收到社會安全局的一封信，通知我已屆齡，有資格領取老人年金給付。我讀了好多次這封信。我老了嗎？我依然感覺自己正值巔峰，活力充沛，對未來充滿計畫，但社會安全局卻認為我老了。我願意承認我不再年輕，但我也還稱不上老。那麼，我現在究竟處於哪個階段？

這是一場強烈的個人的既有認知顛覆。儘管我研究過許多既有認知顛覆的案例，但這次的顛覆無關乎世界，而是關乎我自己。我不認為自己老了，那麼我正步入人生的哪個階段呢？對我又意味著什麼？

我覺得自己處於一種「隱性年齡」（invisible age），一種我無法明確定義的狀態。這是一種源自內心的困惑，無法從外界尋求標準答案。我必須自己弄清楚這一切。

上個世代時還不存在「隱性年齡」這個概念。身分證上的出生日期就是一個人的實際年齡，也決定了社會如何看待一個人的生命階段。當我的父母達到法定退休年齡時，他們的身體狀況確實開始顯現老化跡象，也順理成章地接受了社會賦予的「老年」標籤。他們開始看起來像老人，行為舉止也逐漸符合老年人的形象，甚至內心也接受了這種轉變。我則不同。

我很難將自己與當年我父母的樣子聯繫起來。我感覺自己與他們當年的狀態完全不同。我不覺得自己老了，我看起來也不老，更不願被當作老年人對待。這不只是心理上的抗拒，而是事實，我並不老。

那麼，我究竟處於人生的哪個階段？這個問題依然沒有答案。如果我並未正式步入「老年」，那麼我正在經歷的是什麼？這對我而言又該有什麼樣的意義？沒有人能給我一個確切的答案。「老大哥」[42]也幫不了我，我得自己弄清楚。

帶著這些疑問，我展開了一場個人的狐狸型旅程，這段旅程已經持續了十五年以上，即使在撰寫這本書時，它仍未結束。這趟旅程讓我感到極度迷惘，但也成為我人生中最重要的旅程。如果你已經讀到這裡，那麼你應該對我過去所經歷的多場狐狸型旅程已有所了解。

就像我所有的狐狸型旅程一樣，這次旅程同樣結合了「是什麼？」（What）和「怎麼做？」（How）[43]這兩個核心問題。

42. 參見筆記2〈「老大哥」的衰落〉。

這過程涉及跨學科研究，我深入探討了所有與此主題相關的研究領域，包括老年學（gerontology）、認知科學、神經學、醫學，甚至人口統計學和經濟學。結果，我發現這是一個極其複雜的知識體系[44]，充滿各種理論與概念，而我得在其中尋找自己的「萬能鑰匙」[45]。

正如我在筆記4〈為什麼暑假在夏天？〉中所解釋的那樣，在這裡我也發現社會普遍認為退休即代表進入老年，但這看法現在已經不再適用。

正是這種過時的觀念，我們不知不覺地用於解讀自己的人生。即使我們內心感覺它與自身狀況並不相符，我們仍舊默許它主導我們的思維。

為了更深入理解這種現象以及我自身經歷的「既有認知顛覆」，我與數十位和我一樣已達退休年齡的人交流，試圖了解他們的感受。透過這些交談，我發現當中的刺蝟型思維者通常會毫不抗拒地接受這種社會觀念，即使與他們內心真正的感受相反。少數的狐狸型思維者則說明顯意識到自己身處於一種「適用性差距」[46]，並繼續尋找擺脫它的方法。即便如此，他們對「是什麼？」的疑問仍未得到答案，甚至連思考這個問題的適當詞彙都尚未具備[47]。我意識到我必須試圖填補這些認知領域的缺失部分，不僅為了我自己，也為了他們。

於是我的偶然之旅開始了[48]。起初，它著重於處理圍繞在我生活的個人問題，但逐漸發展成揭示一種影響我這世代的普遍新人類現象的旅程。

這種現象與我們這個世代最重要、但仍未被充分理解的「既有認知顛覆」相關，即預期壽命的大革命。

我逐漸意識到，與大多數人的認知相反，壽命的顯著延長並不僅僅意味著「老年時期」的額外延伸。這種思維模式是錯誤且具有誤導性的。真正的關鍵在於，延長的壽命首次讓人類得以經歷一個全新的生命階段——「智慧之年」（The Age of Wisdom）。這一階段與其前的成年期及其後的老年期截然不同，具有獨特的本質。那些能夠為這段新人生階段做好準備的人，將能夠擁有一個充滿活力、智慧且滿足的生活階段，並大幅縮短並延後真正進入衰老的時間，直至生命的最後時刻。

---

43. 參見筆記21〈「為什麼—是什麼？」〉。
44. 參見筆記1〈身處於越來越複雜、不斷改變的世界〉。
45. 參見筆記11〈狐狸的萬能鑰匙〉。
46. 參見筆記5〈「既有認知顛覆」現象〉。
47. 參見筆記19〈狐狸型詞彙〉。
48. 參見筆記8〈狐狸能找到不是原本找尋的事物〉和筆記9〈我的偶然之旅〉。

我們獲得「智慧之年」這份禮物，但仍不清楚其意義。這成為我主要的挑戰。我經歷了無數次的思索、學習、規畫與實驗。我不斷嘗試各種方案並付諸實踐，其中有些從一開始便取得成功，而有些則未達預期。後者讓我重新檢視我的理論，並在修正再次進行實際考察。這讓我對這新的人生時期的「是什麼」有了「厚實精確性」的理解（於此，我建議你回頭參考筆記21〈「為什麼—是什麼？」〉，重讀我對厚實與淺薄精確之間的區別提出的解釋）。

此趟狐狸型旅程初始之際，我給自己設定了一個重要的個人目標。我深知對我而言，「是什麼」這個問題的核心之一，就是我的壽命長短。由於自身的健康狀況與家族病史，我的預期壽命並不樂觀。因此，我必須改善整體的身體健康狀況。我擬定了一套行動計畫與生活方式，以提升我的健康狀態，且至今仍然遵守。

當我告訴家庭醫生，我打算透過全面提升人格特質，並加強自身的認知、心理與社交活動，來改善身體健康時，她顯得十分懷疑。「我從未見過任何醫學證據顯示，你的目標是可行的。別再浪費時間搞這些無謂的事了。」儘管未能說服她，但我仍需要她的協助，因此請求她批准每季進行一次全面性的血液和尿液檢查。這些檢測簡單且便宜，家庭醫生常用於初步評估患者健康狀況。透過比較每季度的檢測結果與過往數據，我能清楚掌握自己的健康變化，判斷身體狀況是惡化、維持不變，還是有所改善。

醫生雖然沒被說服，但仍同意讓我每四個月進行一次尿液和血液檢查，我則密切關注我的健康變化。當我八十歲時，我和家庭醫生一起檢視從我六十七歲開始這段旅程以來的所有檢測數據。數據顯示，不僅我的身體病況有所改善，其他方面也保持穩定，以我的年紀來說，這是個不小的成就。我成功地降低了自己的「生理年齡」，使其與「實際年齡」有所落差。我仍繼續走在這條道路上，寫書的當下我已八十三歲，我的身體、心理、認知和社交狀況依然保持良好。我現在大部分時間都花在撰寫文章、舉辦講座和工作坊，分享這段旅程中所累積的見解與經驗，並指導他人如何充分運用自己的「智慧之年」，以及如何提升生理機能，使之超越實際年齡。此外，我還與政府組織合作，試圖改變大眾對老年化的看法，將驟增的預期壽命從社會的「負擔」轉化為「資產」[49]。

---

49. 參見 T. Lanir. (2015) *A New Look at the Rise in Life Expectancy: From a Burden to a Benefit.* Eshel, Jerusalem（以希伯拉文寫成）。

這段旅程最初是個人的探索，卻逐漸演變為一場社會變革。就我個人而言，我覺得我已經在「戰勝」退休年齡的過程中已取得重要的成就。然而，從社會層面來看，我們仍然處於起步階段，未來還有很長的路要走，需要不斷努力與奮鬥。因為要社會擺脫不再適用的錨點，轉而採納新錨點，需要時間、執著與群體努力。當前的社會與政府對老化的認知，仍遠遠落後於這股不斷變化的生命潮流。

PART 4

如何強化我們內在的狐狸型特質

到了這裡，你一定會想問：「我該如何找回還是孩子時所擁有的狐狸型特質？」這條路並不簡單，它需要明確的指引，更重要的是，必須具備學習與實踐的意願。在接下來的部分，我將解釋狐狸型特質的基礎認知，並為大家提供練習方法，逐步啟動狐狸型的思考與行動模式。

筆記29

實踐學習循環

實踐（praxis）[50]學習循環描述了狐狸型行動和思考的基本過程。

「實踐」一詞來自亞里斯多德（Aristotle），他認為實踐是一個自由人必須參與的活動，這種活動需要精確掌握現實，以便澈底了解自己的處境，並在其身處的世界裡發揮正當作用[51]。

---

50. 自亞里斯多德以來，「實踐」（praxis）一詞已經衍生出多種不同的解釋。欲了解更多資訊，可參見 Paul. R. (1992). *Critical Thinking: What Every Person Needs to Survive in Rapidly Changing World. Foundation for Critical Thinking.* DePaul M. and Zagzebski l. (2003). Intellectual Virtue. Oxford Press.

51. 許多思想家都探討過實踐的問題：柏拉圖、亞里斯多德、聖奧古斯丁、培根、康德、齊克果、馬克思、格蘭西（Antonio Gramsci）、海德格、路德維希．馮．米塞斯（Ludwig von Mises）、保羅．弗雷勒（Paulo Freire）和漢娜．鄂蘭等等。他們將其視為一種認知、精神、政治和教育的術語。如今，在教育領域中，它被用來指稱「實驗性學習」，透過經驗學習的循環概念來改善學校中的學習情況。

實踐過程的基礎建立在人類三種基本知性德行（intellectual virtues）之上：

1. 學習已知事物的能力（源自希臘詞語 episteme）。
2. 透過經驗學習的能力——當已知的知識不再足以解釋我們透過經驗所感受到，但尚未理解的事物時（源自希臘詞語 techne[52]）。
3. 從以上差距中推導出見解，將其概念化和重新架構的能力（源自希臘詞語 phronesis）。

學習已知事物的能力（Episteme）

在人類學習的三種基本智識技能中，從已知事物中學習的能力是最常被使用與啟動的。這通常被認為是做事情的正確方式，並且在各種情境下，它都應該是指引我們判斷與行為的客觀真理。因此，這種智識能力在我們的生活中占據如此重要的位置就不令人感到意外了。

刺蝟型思維主要依賴這種智識能力，透過學習已知來解決未知問題[53]。它圍繞著收集有關已知的相關資訊，然後運用演繹與歸納的邏輯進行分析與推斷結論[54]。

狐狸則採取不同的行動方式。狐狸從質疑已知出發。狐狸透過從特定情境的經驗中學習，來檢視已知在該情境中的有效性和適應性。

透過經驗學習的能力（Techne）

刺蝟型思維者主要依賴從既有知識庫中學習的能力，而狐狸則主要透過實際經驗來推動學習循環。他們從親身經歷中習得技能，而非僅依賴已知的理論與資訊。我們往往忽略以經驗為基礎的學習，因為我們習慣將學習視為一個在教室中由教師進行的過程，並透過教師的講授與理論知識（episteme）來完成。這種刻板觀念掩蓋了人類學習的主要方式，即透過生活中的實際體驗來學習。

52. 古希臘字詞「Tecne」的意義與我們現在所認識的「技術的」（technical）有所不同。
53. 參見筆記24〈狐狸如何知道自己原本不知道的事〉。
54. 參見筆記12〈狐狸是不理性的嗎？〉。

概念化能力（Phronesis）

透過經驗學習，代表我們在尚未建立邏輯論述來解釋自身感受之前，就已經開始學習。此時，它還只是「隱性理解」，一種難以被意識和記憶捕捉的理解方式。然而，當我們將其概念化並命名時，它便能變得清晰可解，讓自己與他人都能理解。只有知識分子或學者透過抽象討論來發展概念，進而建立理論、典範和學說，來指引我們的行為，並塑造我們理解世界的方式。

但實際上，概念化的能力是所有人都具備的，它的核心在人類內在的洞察能力。「見解」是我們對事物本質的全新領悟，這種理解源自於自身，而非外部知識的灌輸。

我們從個人經驗中獲得的見解的特點是，最初我們只能感受到它們，而無法理解它們。但這種新的感受，正是狐狸型理解與行動的核心要素。

這種洞察力正是之前我提到的飛行中隊王牌飛行員所擁有的[55]。這些飛行員在極端情況下取得的分數，比規則手冊規定的還高。

關於飛行中隊王牌飛行員的那則筆記中，我描述的是「實踐的狐狸」，但也有

「思維的狐狸」，這些人解放根深蒂固的想法，在人類進步中扮演重要角色。

「思維的狐狸」的產物可以是一首詩、一個新點子或一項發明。

「思維的狐狸」為了正確理解已經經歷過，但尚未完全理解的事物，就必須給它一個概念名稱。他必須使用語言以增進對新見解的了解。

有鑑於一個新概念名稱建立在「抽象符號化」[56]之上，而人類，顯然只有人類能夠超越物理符號，進入抽象符號。

我的狗無法做到這一點。我可以跟牠說：「我們要去公園」，牠會興奮地搖尾巴，這表示牠聽懂了，並且感到開心。然而，牠只是將我的話作為一種「符號」，對應到牠所熟悉的「意義」。牠知道「去公園」這句話代表的是一個具體的行動——可能是去方便，或者是去和其他狗玩耍。然而，牠無法擺脫這些象徵意涵，無法從詞語指稱的實體物品或行動轉移到抽象符號的領域。牠無法將「公園」（park）這詞與史蒂芬・史匹柏（Steven Spielberg）導演的科幻電影《侏羅紀公

55. 參見筆記14〈飛行中隊的王牌〉。

56. Deacon, T. W., (1997) *The Symbolic Species: The Co-evolution of Language and the Brain*. New York: W. W. Norton.

園》（*Jurassic Park*）這名稱連結在一起，電影講述一位野心勃勃的百萬富翁領導一群基因工程師，建造一座充滿基因複製恐龍的公園。人類不僅能夠將自身的體驗概念化，還能通過將其與其他過往經驗聯繫起來，賦予其新的詮釋。這是所有醞釀創造的過程所必須的能力。例如，在親身經歷過「為平等奮鬥」或「遭受不平等對待」之後，「平等」這一概念可能會被重新理解。但它也可以透過其他抽象概念來詮釋，例如「正義」、「博愛」或「責任」。這些概念及其彼此之間的聯繫，會在我們心中激發更多的溯因推理，促使我們產生新的想法與見解[57]。

從運用固定「符號」（signal）與「能指」（signifier）進行思考，到運用抽象概念思考的能力，最終可能重新構建我們整個知覺系統，使其更加豐富且更具相關性，成為創造新知識的基礎。

現在，我們已經熟悉實踐學習循環的三種知性德行後，讓我們進一步了解整個實踐循環週期：

我們需要克服的第一個習慣，是當面對「認識論知識」與「實踐發現」之間不相容時，我們很容易「右轉」進入刺蝟型已知領域的舒適區，以掩蓋這種差距。要小心這個陷阱。這種差距不僅僅是資訊不足或認知模型需要修正這麼簡單。如果能避開這個陷阱，並選擇「左轉」（圖示中的2），進入概念化能力的領域（Phronesis），就能夠推動實踐學習循環。

概念化能力是一種對我們已感受到，但尚未完全理解的事物，賦予一個概念性名稱的挑戰。這是一項充滿挑戰與樂趣的探索過程。極少數情況下，你能夠在第一次嘗試時就找到最貼切的名稱，但通常需要多次嘗試，才能找到一個令人滿意的表達方式。

現在，回到學習已知事物的能

57. 參見筆記13〈狐狸的溯因推理〉。

圖6 實踐學習循環

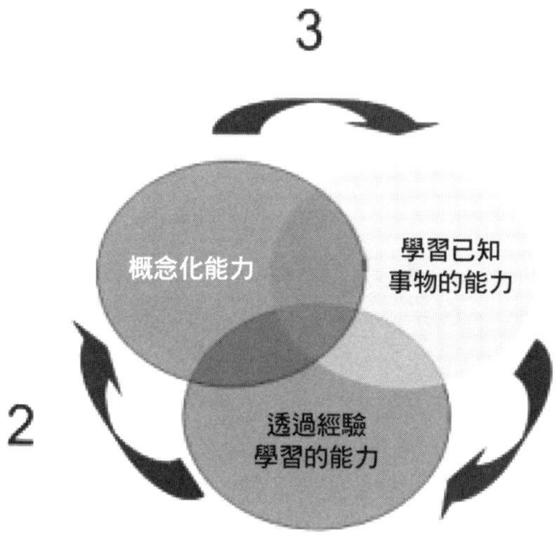

力（Episteme，圖示中的3）在這個階段，當你已經建立了概念基礎，應該開始尋找外部知識，以補充你透過內在思考過程所獲得的理解。接著，可以再次回到透過經驗學習的能力（Techne）的經驗（圖示中的1）。

在了解實踐學習循環後，我們將在接下來的兩篇筆記中探討「填充式思維模式」，並深入了解實踐思維循環的概念化模式。

筆記30

學會思考你的感受

狐狸型學習的實踐循環始於「經驗學習能力」，意即狐狸感知與感受的事物。當我們經歷尚未理解的事物時，我們內在的感知與感受就會甦醒。這就是狐狸思考的「萬能鑰匙」[58]。

如果你想成為狐狸型思維者，那必須學會「思考你的感受」。這似乎是荒謬的要求，因為感受與思考被認為是兩種不同的概念，感受甚至被認為次於思考。然而，感受並不與思考分離，也絕非次要。「思考你的感受」是實現心靈自由的關鍵。這是種發現、重新構架與更新理解的自由。這個思考的「萬能鑰匙」將使我們

58. 參見筆記11。

擺脫僵化的概念，超越既有的框架。

情感應該被理性思維所壓制，因為它會干擾我們的思考、判斷，甚至影響我們得出正確的結論。我們的大腦應當審視並控制情感，阻止它影響我們的思考清晰度。然而，狐狸並不將「思考」與「感受」視為分離的兩個領域，而是將其視為一種交融的狀態。以「思考感受」（Think the Feeling）的能力作為前邏輯思維，能讓你在思考和感受之間靈活轉換，彼此豐富。

一開始，你可能會發現，要深入思考感受並不容易，因為你的理性思維會迅速介入並試圖掌控一切。但透過練習，你可以逐步適應，學會在「思考感受」的狀態中停留更長時間，並有意識地在感受與理性思維之間來回切換

首先，試著區分「情緒」與「感受和知覺」，前者像是絕望、憤怒、委屈、戀愛的悸動、性吸引力等，會讓思考變得混亂，而感受與知覺則能讓我們保持敏銳，幫助理清思緒。

訓練自己去感受當下感知到的獨特性。體會日落的獨特之處，體會你此刻所見的風景，並將這一刻的體驗與過去的經歷進行比較。與朋友相見時，試著感受這次的感覺與過去見面時有何不同？當你踏入一間新房子時，它與你熟悉的其他房子有

何不同？當你開始思考那些看似相似的事物之間的差異，會發現許多時候，你現在所體驗的，並沒有現成的描述可以直接套用。你需要從內在挖掘，並將這種感受加以釐清。

再來個練習。你在博物館欣賞畢卡索（Picasso）的立體主義畫作《格爾尼卡》（*Guernica*），隨後走到另一個展廳，看到保羅．烏切洛（Paolo Uccello）的《聖羅馬諾之戰》（*The Battle of San Romano*）。雖然這兩幅畫都圍繞著同樣的戰爭主題，但喚起你心中全然不同的感受。這些不同的感受最終也會改變你對戰爭的概念，即對不同歷史時期的人如何理解戰爭的意義，產生不同的見解。在文藝復興時期，戰爭以輝煌壯麗的方式進行，交戰雙方之間有一定程度的尊重。在談及戰爭時，會有一種浪漫與神祕的感覺，這在烏切洛的畫作中可以看到。然而，立體主義的誕生受到工業革命的影響，它隨後為可怕的工業戰爭帶來新意象，這在畢卡索的《格爾尼卡》中可以清楚看到。

我發現大部分的感受性思維都發生在辦公室外。這種感受性思維會在我在公園散步、洗澡或洗碗的時候浮現。有時甚至會在半夢半醒之間湧上心頭，無論是深夜還是清晨。因此，我總是確保身邊有紙筆，這樣我就可以在想到的時記下，免得忘了。之後，我會把手寫筆記整理到電腦上，使其更有條理。

在忙碌的日常生活中，我們很少有時間能放鬆思考自我感受。當這樣的感受性思考出現時，請訓練自己記住它們，無論是用圖畫、塗鴉、書寫完整的句子，或者任何你喜歡的方式。等到有空時，再反思它們的意義。但切記，不要拖太久才去整理這些想法，因為它們很容易消散在記憶的洪流之中。

筆記31

教自己如何概念化

我們的思考依賴語言，甚至可以說，語言決定了我們的思維方式。我們需要詞彙來表達我們透過感受所想到的東西。

我們以兩種形式使用語言，一種是「用語」（terms），另一種是「概念」（concepts）。「用語」是指一個詞語或詞語組合，指稱世界裡固定的「所指」，例如「交通號誌」或「斑馬線」。然而，「概念」是一個其意義在不同情境下仍可重新詮釋的詞語，例如「愛」或「成就」。

同樣的詞語有時可同時作為用語和概念使用。我可以將「海」作為固定的地理用語，但我也可以將「海」作為一種概念來運用。比如阿維夫·格芬（Aviv Gefen）的歌詞：「當我們悲傷時會去海邊，這就是為什麼海水是鹹的。」我也可

圖 7 從用語思考到概念思考

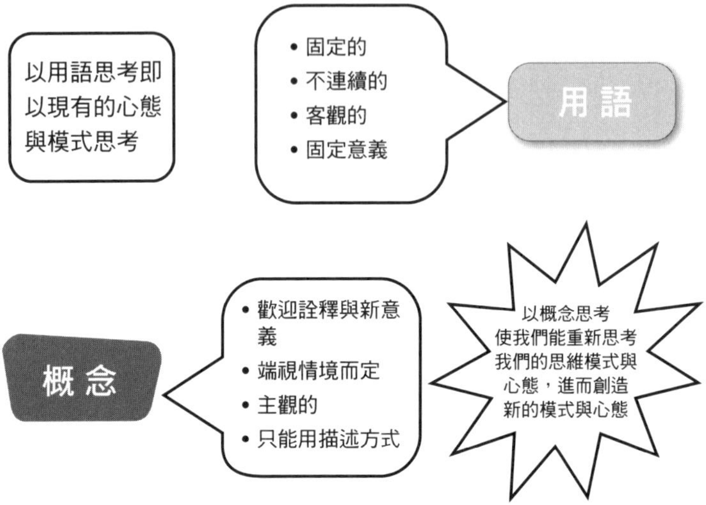
以用語思考即
以現有的心態
與模式思考
• 固定的
• 不連續的
• 客觀的
• 固定意義
用語
概念
• 歡迎詮釋與新意義
• 端視情境而定
• 主觀的
• 只能用描述方式
以概念思考
使我們能重新思考
我們的思維模式與
心態，進而創造
新的模式與心態

以將Ofek（地平線）當作我孫子的名字，或將其作為「拓展概念視野」的比喻。

我們日常生活中透過用語思考具有許多實質好處。沒有用語，我們就無法完成最基本的工作。用語是我們所有人共同認可的標記，使我們能順利進行溝通、協調、行為和行動。如果沒有使用用語的能力，就無法進行最簡單的現代生活活動，例如開車、騎單車，甚至過馬路。這些用語的使用取決於對其確切意義的普遍認同。你無法避免用語思考，但你必須訓練自己避免思考過程被用語所支配。在需要重新思考你的想法時，你必須為概念思考留空間。

法國精神分析大師尚－博騰・彭大歷斯（Jean-Bertrand Pontalis）[59]在談及思想被用語支配時寫道：「我們能否不依賴用語所提供的武器？試著避開它們，或者至少不屈從於它們的權威，讓我們開放接納尚未能理解的事物呢？」當我們的感受性思維尚未能完整呈現某種概念時，大腦總能迅速找出一個既定的用語來填補這個空白，並賦予它一個現成的定義。然而，這種預設的用語會使我們無法區別這兩種類似但不完全相同的經歷。

我看著眼前的景色說：「多美的風景啊！」然而，這句話並未真正表達出這片風景獨特之處，以及它與其他美景的不同之處。

透過概念化的過程，你將能夠清楚向自己與他人說明，你試圖透過感受性思維想要呈現的內容，以及當下經驗的獨特性。正是透過概念，讓已知與未知之間相遇，開啟全新的詮釋空間。透過用語思考，所有新經歷都直接歸入熟悉之中，但透過概念思考，你可以將經歷過的體驗當作尚未完全理解的事物，進一步探究其中的

59. https://fr.wikipedia.org/wiki/Jean-Bertrand_Pontalis

意義。

將時間用在思考感受，代表當思想出現之際，你仍持續沉浸於其中，同時也反對任何既定名稱或現成定義。因此，當我們無法以語言為某種經驗賦予概念性的名稱時，它往往會被遺忘。語言於此扮演重要角色。這個概念命名過程的特點在於，儘管概念名稱與我們感知或經歷的事物之間有關聯，但它們之間仍然存在距離。正是這點讓我們能夠見到並思考超越我們感知的事物。例如，大衛・格羅斯曼（David Grossman）在一九八七年發表的一系列文章和書籍中創造的「黃色時代」（The Yellow Time）概念。這個概念源於他在約旦河西岸的親身經歷，以及當時喚起的「感受性思維」，讓他和許多以色列人首次意識到自己正成為一個壓迫、統治他人的民族。這是在巴勒斯坦大起義（Intifadas）爆發之前。他的書根據這一系列於一九七八年時發表的文章，距第一次大起義爆發相當靠近，他以「黃色時代」這個用語預示了起義的發生及其最終後果。這本書被翻譯成多種語言，收到極高評價[60]。

只要概念持續改變其意義，就能保持其概念價值。一旦意義固定不變，它便淪為用語，失去了概念的力量。

然而，我們也可以重新解構一個既定的用語，使其回歸為概念，從而讓思維保持開放與動態。

每個詞語都可能處在「用語」狀態或「概念」狀態。根據你的需求，訓練你的思考過程，將詞語的意義從用語狀態轉變為概念狀態，反之亦然。

我建議你參考語言哲學家路德維希·維根斯坦的建議[61]，把詞語視為工具工具，並學會靈活運用它們。第一步便是建立對詞語的覺察力。一旦你意識到詞語既有固定的意義，也可能因不同情境而產生變化，你就能更靈活地運用它們，讓詞語在用語與概念之間自由轉換，以滿足不同的思維需求。

留意你對語言的使用，訓練自己運用「後設思維」（Metathinking）[62]。這將幫助你反思自己的思考過程，辨識思維模式，注意到思考過程中可能有缺失的部分，

60.「起義」（Intifada）這個概念源於阿拉伯詞語，意指駱駝交配時的勃起。於此就像「黃色時代」（Yellow Time）的概念一樣，儘管與原始詞義有關聯，但作為一個概念時，其含義已超越字面上的本義，發展出更廣泛的意涵。

61. https://en.wikipedia.org/wiki/Ludwig_Wittgenstein

62. https://en.wikipedia.org/wiki/Metacognition

讓思考更為順暢，以及更能在各種情境中靈活使用詞語。如果持續鍛鍊，你將能夠熟練地將語言作為工具，並根據不同情境靈活運用詞語，就如同鞋匠精確調整錘子的力度，以確保釘子能恰到好處地嵌入鞋底一般。

筆記32

如何擺脫刺蝟型思維

我們被困在刺蝟型思維的「牆」之中，我們必須注意並研究這面「牆」，才能擺脫它的限制。

使我們只能禁錮在刺蝟型思維的兩個主要障礙是「脈絡證成」（contextual justification）和「瑣碎聯想」（trivial association）。以下我將簡短解釋兩者。

約翰・赫歇爾（John Herschel）於一八三〇年出版的《自然哲學初論》（*A Preliminary Discourse on the Study of Natural Philosophy*，暫譯）[63]首次解釋「證成

63. 更多關於此區別在科學領域扮演的角色，參見 Herschel, J. (1830) *A Preliminary Discourse on the Study of Natural Philosophy*, Longman London。

脈絡」（Context of Justification）和「發現脈絡」（Context of Discovery）之間的區別。赫歇爾是英國數學家，同時也是天文學家、化學家、發明家和實驗攝影師，因此，他習慣在實踐與理論之間靈活移動的狐狸型思維，然後透過經驗來檢視他的想法。

他指出「發現脈絡」是發現我們先前尚不了解，甚至沒有感覺到的新事物的最佳方式。而「證成脈絡」則是我們向他人證明自己主張具有正當性的脈絡。

據說，我們大約有百分之七十的時間處於證成脈絡之中，而只有百分之三十的時間處於發現脈絡裡。有些人完全處於證成脈絡之中，而其他人則允許自己在發現脈絡中有更大的調動空間。

我們可以從對話中分辨一個人是處於證成脈絡還是發現脈絡。當講者處於證成脈絡的狀態時，通常說話比較快，因為他們已經「知道」想說什麼，而設法全說出來。處於發現脈絡中的人說話較緩慢，言談中常帶著猶豫不決，甚至會不斷調整或修正先前的說法，試圖更準確地表達自己正在感受的事物。這種說話方式有助於反思自己的想法，並讓人們即使在獨處時，也能透過自言自語來促進內在思考。當我們在思考問題時，通常會在內心靜默地進行。然而，為了進一步釐清想法，我們也需要把它們說給他人聽。

我們也很容易察覺到講話者從發現脈絡轉向證成脈絡的時刻，即對方從概念性表達轉為用語性表達的時候。

此外，這種轉變也經常伴隨著二元對立的語言，例如：「是」或「否」、「正確」或「錯誤」、「有幫助」或「沒幫助」等。

儘管我們已經練習如何察覺這兩種脈絡之間的差異，但我們仍應該知道，它們之間並沒沒有根本性的矛盾，我們可以且應該以建設性的方式同時使用它們，更為熟練的發展想法。

當我們將所發現事物放入證成脈絡來檢驗時，大腦會產生所謂的「轉導摩擦」（friction of transduction），這種摩擦可能會讓我們發現其他層次面向，促成更深入的發現。當我們在發現脈絡中所發掘的事物，與在證成脈絡中所解釋的內容產生落差時，這個落差將驅使我們再次回到發現脈絡，以弄清楚這種落差的真正意涵。這不僅能讓我們理解他人可能無法領會的部分，也讓我們意識到自己尚未真正理解的地方。

現在，你已經掌握了「證成脈絡」和「發現脈絡」這兩個概念，以及它們的區別與可能產生的組合，你應該能學會在日常思考過程中注意到它們。

請記住，我們一般「自然」傾向是在將時間大半花在證成脈絡中。畢竟，那是舒適之地。但這種傾向容易讓證成脈絡主導我們的思維進而阻礙內在的狐狸型創造力。狐狸意識到這個問題，因此不會落入這個陷阱。

現在，讓我們進一步了解讓我們困刺蝟型思維的第二種模式「瑣碎聯想」。

大多數人在被問及「椅子」這個詞彙時，他們內心出現的第一個聯想會回答「桌子」。我們的大腦習慣以脈絡方式進行思考，因此會自然而然地將事物配對，形成簡單的二元聯想：「紙—鉛筆」、「兄弟—姐妹」、「夜晚—白天」、「冬季—夏季」等等。我們甚至經常無意識地使用這些聯想。

然而，我們的大腦也能夠產生遙遠且具創意的聯想，當這些聯想浮現時，它們能夠重新激發我們的「感受性思維」。

我希望以下的例子能幫助你理解，在面對看似平凡的主題時，如何啟動並運用這些更具創造性的聯想。

我必須為實踐研究小組會議購買一張新的會議桌，於是開始思考哪種桌子最適合我們。當我快速聯想各種桌型時，腦海中首先浮現的是一張T形桌，並勾起我年輕時在軍中的回憶。在當時的軍事文化裡，指揮官會坐在T形桌的短邊，而所有屬下則按照軍階依序坐在長邊上。這種桌子象徵著明確的階級與權威，在軍隊環境中顯得理所當然。但這樣的桌子並不適合我們的狐狸型實踐文化。於是，我的思緒引導我走向完全不同的桌子隱喻：「安息日桌」。我對這張桌子有著美好回憶。在安息日晚餐時，整個家族的人會圍坐在一起，在點燃蠟燭、誦讀祈禱文並享用晚餐後，大家會開始暢談各種話題，氣氛溫馨而愉悅，也是我們每個人最懷念的時光。我決定要複製那些安息日夜晚的氛圍，但我也明白「安息日夜晚」這個隱喻不適合當前的情境。於是，我的思緒漫遊到另一個更加遙遠的聯想，我的情感想像力讓我想到亞瑟王圓桌騎士的桌子。亞瑟王希望他的圓桌能夠體現他所追求的理想——讓所有與他並肩作戰的騎士都能夠感受到平等，並且自由地、誠實地發表意見。因此，他捨棄了傳統的「首席座位」，改為讓自己和騎士們圍坐在一張圓桌旁。

如果你來拜訪我們機構，你也能坐在我精心挑選的那張圓桌，這不僅僅是一張普通的會議桌，它對我們所有員工來說都具有特殊的意義，因此也能影響我們的客人。

筆記33

如何重燃隱藏的狐狸型天賦

你現在可能會自問，是否你的內在也有本書所描述的狐狸型行動與思考技巧呢？我的根本主張是，這些能力本來就存在於我們每個人內心。我們在童年時期曾積極運用，但隨著我們逐漸長大，漸漸訓練自己養成依賴耗費精力的刺蝟型思維。這則筆記意圖讓你相信自己擁有這些天賦，並且有能力重新喚醒你的狐狸型技能。

每位幼稚園老師都能告訴你，與孩子們交談時，創新聯想的火花會迅速蔓延，開啟無數新的思維路徑與話題，以至於老師往往需要加以引導與收斂。這些聯想天馬行空、不受拘束，充滿無限想像。然而，身為刺蝟型思維的大人，我們總是急於「修正」與「糾正」孩子們，將他們從狐狸式的自由探索帶回刺蝟式的「邊界」之內。童年時，我們主要透過重新賦予熟悉詞彙新的意義，甚至發明全新的詞彙來理解世界，這些天真的創造力往往讓大人忍俊不禁。這種能力是直覺性的，孩子們懂得如何憑藉想像，構築出超越父母與老師所能傳授的一切的狐狸型世界。

羅伊（Roy）的父親約塔木（Yotam）分享了一則趣事。當羅伊不願意繼續吃飯時，他的祖母告訴他：「要麼吃飯，要麼下來。」（Either eat or get down）他回答：「要麼吃飯，要麼下來。」祖母接著強調：「不，不。要麼你吃飯，要麼你下來。」對此，他再次回答：「要麼吃飯，要麼下來。」她認為他不明白她的意思，即如果他不吃飯，她會把他從高腳椅上抱下來。只是，羅伊非常明白。他的回答與「要麼」（either）一詞的意義有關，即這是在「要麼……要麼……」之間做出選擇。他了解祖母的意圖，只是刻意強調他不同意。既不想吃飯，也不想從高腳椅上下來。他的父親說：「然後我想起來了，就像許多其他父母一樣，我也會定下『要麼這個，要麼那個』的條件，而在這些情況下，他的回答總是：『或這個』（Or this）[64]。」

這種說話模式是孩子對「非黑即白」的思維方式進行抗議的一種表現，而這種思維方式對於我們這些刺蝟型的成人來說卻是習以為常的。當我們將「要麼這個，要麼那個」（either-or）條件強加於他身上，他的應對方式就是將其轉變為狐狸型的「既是這個，也是那個」（either this—or that）的情境。

約塔木繼續說：「隨著時間的推移，我發現他對這類條件的拒絕方式越來越有創意。例如，他會說：『或者，是的（or yes）』，也就是把「或」這個詞的力量轉化為一種提問方式，類似於「你明白了嗎？」」，同時也試著將「或」與「是」這個詞結合起來，使其成為一個詞『或是（Oryes）』」。

有些我們最初以為是兒童與幼兒發音錯誤的詞語，實際上是以他們的思想為基礎的語言創造，這源於孩子讓自己進行的自由實驗，而我們成年人卻不允許自己這樣做。

作為父母，我們總是急於糾正這些來自孩子內心的語言與思維操弄，因為在我們看來，這些表達方式聽起來不夠標準或不合適。然而，作為狐狸型的父母，我們應該避免只關注孩子是否成功掌握規則或事實，而更應該關心的是，他們能否在這些框架之外，發展出更具創意的表達方式。這不就是我在筆記19〈狐狸型詞彙〉中所提到的「詞彙俚語的自由」，這種隱藏的特質正是頂尖戰鬥部隊的特徵之一，甚

64. 編註：意指第三種選擇。

至可能也是許多創新團體的共同特點。

孩子玩詞語的方式，就像他們玩玩具一般。而且，無論是語言還是玩具，他們的遊戲方式都與我們這些刺蝟型成年人所認為的方式不同。他們喜歡把玩具拆開，然後利用這些零件創造出全新的東西。玩積木的孩子，無意間在探索空間幾何的基本原理；盪鞦韆時，他們親身體驗槓桿原理與鐘擺定律；騎腳踏車時，他們則是在學習平衡的概念。而這一切都發生在我們向他們傳授關於空間、機械、槓桿、擺動或平衡的理論之前。你有沒有注意到，當孩子剛開始玩積木、盪鞦韆或學騎腳踏車時，其實不需要太多指導？適當的引導固然重要，但往往只需在最初提供簡單的方向，接下來的學習過程，孩子們會透過自己的經驗自然摸索出來。

我的小兒子謝伊（Shay）喜歡拆解人家送他當禮物的士兵模型，然後用它們創造全新的玩具。有時新組合看起來奇異又古怪，它們往往與士兵一開始的形狀和功能完全不同。這是否讓你想起我在筆記11所描述的狐狸萬能鑰匙？

孩子喜歡以一種幾乎是本能的方式拆解，有創意的重新組合結構，因為他們不必遵循玩具最初的設計類別。他們創造的是一個小小的新類別，使他們能建構自己的想像世界，在那裡他們每次都可以對自己講述新玩具的新故事。這是否讓你想起我在筆記26、27與28中描述的情況？

有趣的是，當孩子逐漸成長，他們的狐狸型思維會發生什麼變化？他們是否仍會持續創造新的類別，將具體與抽象、「是什麼」與「為什麼」結合起來？還是最終選擇放棄這樣的探索？

大多數人並未意識到孩子天生具有的狐狸型思維，也未察覺到鼓勵和培養這種思維的重要性。孩子在成長過程中，不斷受到來自外界的強大壓力，迫使他們逐漸放棄內在的狐狸型思維，轉而依賴從外界獲取的通用知識——來自父母、老師、電視、名人，以及其他被視為「權威」的人物。他們被教導，這些榜樣擁有成功、健康、受歡迎與快樂所需的一切知識，因此應該毫無疑問地信賴並遵循。

我們周圍滿是針對父母與孩子的大規模認識論產業。這個行業不僅自認能夠將父母從撫養孩子時所面臨的困境中解放，而且還瞄準了孩子本身，推動無盡的產業刺激，著重使孩子成為他們希望推廣的產品與觀念的消費者。如此一來，孩子天生擁有的狐狸型思維就會開始退化。

當我們成為父母時，大多數人早已失去了與生俱來、並曾在童年時期享受過的狐狸直覺。簡單地說，我們失去了在撫育孩子過程中，解釋不斷變化的聯結的能力，以及我們作為父母的自信心。我們變得依賴指南和專家，拋棄我們的直覺與判斷力。因此，我們失去成年生活中最重要的機會，那就是再次以成年人的身分體驗狐狸型思維。我們無法以「狐狸」的姿態陪伴孩子，也因此無法藉此重新連結童年時存在於自己內在中的狐狸。

我建議你透過參與年幼孩子的語言與活動遊戲，而不只是旁觀，來重新喚醒並啟動內在的狐狸型思維。這將為你提供一個親密而愉快的機會，來練習並重拾先前失去的狐狸型技能。在孩子成長的過程中，主動參與他們的新發現與新體驗，不僅對他們的未來有極大助益，也能讓你重新感受那股珍貴的狐狸型探索精神。

對於已經身為祖父母的你們，我更鼓勵你們不要錯過與孫子孫女接觸、見證他們狐狸型思維發展的機會。這是一場充滿驚喜的狐狸型冒險，更是我們在晚年能體驗到的最具啟發性與滿足感的旅程——重新感受童年時期那奇妙的狐狸型思維。不要錯過這個機會，也不要認為為時已晚。

筆記34

走吧，開始你的狐狸型旅程

奧斯卡．王爾德（Oscar Wilde）曾說：「最重要的事情是沒有人能教我們的。我們必須靠自己學會。」狐狸型思維就是其中一件重要的事情。他人可以為你指點方向，但要真正學會，只能靠自己。我不會騙你說，這本書能提供狐狸型思維的祕訣。你要成為一隻狐狸，唯一的方法就是透過自己的經驗去學習與探索。

納博科夫也曾說：「通往幸福的旅程並非組織有序。通往幸福的路很狹窄，甚至對一個人來說，都可能不夠寬。」狐狸型思維就是這條通往幸福的道路，每個人都必須開創自己的路徑。

我建議你先闔上這本書，把它放在一邊，然後出去散步，或者做任何能分散你注意力的事情。現在是時候休息一下，好好思考你在這本書中所讀到的內容，你產生了那些共鳴，又能如何應用於你的個人旅程。

這些思考將是你狐狸型旅程的開始。把你在這本書中讀到的東西看作一種知識體系，想像如何在不同情境中運用狐狸型的思考與行動方式。當你散步回來後，寫下你的見解與想法，記錄你打算如何在生活中實踐你的狐狸型思維。

從現在開始，這將成為你的「狐狸筆記本」，陪伴你踏上這段充滿驚喜的旅程。從小處著手，選擇一個具體的日常事件或情境，將其作為你的第一個狐狸型實驗。即使這次嘗試不如預期，這依然是推動你狐狸式思維動力的關鍵。千里之行，始於足下，而這將是你的第一步。當你回頭來看，你或許會發現，這一步甚至是最重要的一步。

最後，我想給你另一個狐狸型建議，我相信這建議和我之前給你的任何建議一樣重要。一方面，狐狸型旅程需要專注和努力；另一方面，你也需要知道如何適時鬆開手中的韁繩，順應變化。這就是狐狸型專注的「互補矛盾」，也是讓旅程真正展開的關鍵。

狐狸該在什麼時候，以及該如何放鬆約束？方法有很多種，每隻狐狸都有自己的方式。法國數學家亨利．龐加萊（Henri Poincare, 1854~1912）[65]便是一位能夠將理論與實踐完美結合的狐狸，並在兩者之間遊刃有餘。他在數學、物理學和科學哲學之間遊走並經常教學。除了在康城諾曼第大學（Université de Caen Normandie）擔任數學講師外，他還在巴黎大學（University of Paris，索邦大學）擔任物理學和實驗力學、數學物理學、機率論和天文學的教授。他被描述為「最後的通才」（Last Universalist），因為他是最後一位在數學領域全面發展的數學家，不僅涉足純數學，也在應用數學領域做出卓越貢獻，甚至為後來的混沌理論奠定基礎。與此同時，他並未脫離實務工作，仍積極參與礦業工程。他曾在法國東北部沃蘇勒（Vesoul）地區擔任工程師與礦場監工，後來晉升為首席工程師與礦場總監。

龐加萊這隻狐狸對於許多不同領域的興趣與之間的關聯性都抱持開放態度這也是他能取得眾多科學成就的原因。他的創造力源自研究領域之間的溯因組合。龐加萊說，他發展非歐幾里得幾何理論（non-Euclidean geometry theory）的關鍵靈感，並非來自於專注於研究時的深思熟慮，而是當他邊準備搭電車，邊和朋友談論與幾

---

65. Lehrer, J. (2008) "The eureka hunt, why good ideas come to us when they do?" New-Yorker, July 28th, 2008: www.thatmarcusfamily.org/philosophy/Course_Websites/Contemporary/Readings/Lehrer_Eureka.pdf.

何理論毫不相干的事情之時。從他上車到坐在朋友身旁長凳的時間裡，他突然明確構思出解決方式——他在沒有紙筆可驗證理論，同時與朋友交談的情況下，完成這一切。

這點出狐狸型創造力與狐狸型行動之間的關聯，同時也說明了專注和放鬆之間的微妙平衡。

我在另一位我非常敬佩的狐狸型人物，幽默風趣的物理學家理查・費曼（Richard Feynman, 1918~1988）身上，看到他如何透過另一種方式，在專注與放鬆約束之間遊走，並獲得靈感。費曼不僅是受人尊敬的諾貝爾獎得主，同時也以打破傳統且愛開玩笑而聞名。他從未停止尋找新的體驗。他加入桑巴樂隊自學打鼓，會玩解謎和拼圖遊戲，擅長破解密碼鎖，甚至嘗試過當畫家與探索瑪雅文化。他總是知道如何在這些事情與物理學之間找到隱藏的通道與聯結。費曼說，當他遇到思考瓶頸時：「我通常會去脫衣舞俱樂部，因為那是一個氛圍放鬆的地方。我可以悠閒地喝著蘇打水，觀看表演，然後，如果靈感浮現，我就會隨手記在餐巾紙上。」

我知道，龐加萊和費曼的故事可能會產生誤導。儘管放鬆約束使他們兩人獲得解決某個科學難題的關鍵靈感，但畢竟我們大多數人並不是科學家，而我們所面對的，更多是現實生活中的個人課題。

我們需要喚醒內在狐狸型思維，來好好應對各種人生情境——無論是在工作中、家庭生活裡、社交或政治互動中，還是在職業轉換、商業風險與創業決策，甚至面對重大疾病、意外傷害或人際關係的離散時。

在這些情境下，我們被迫重新定義自己，成為擁有全新興趣和意義的人。

我們的個性是在一連串不同的實驗與選擇中逐步塑造與發展的：我們該投入哪些領域？應該如何參與？該與哪些人交往？應該在哪些方面投資？我們應該建立怎樣的關係？哪些外部壓力應該忽略，以維持健康的心理平衡，確保我們能夠專注於真正重要的事物？

在作為「普通人」的狐狸型旅程中，我們不應該期待能像龐加萊與費曼那樣，發現如此深刻的見解。我們的狐狸型旅程會涉及許多主題與議題，大多是日常生活中的小事，而每一次的領悟都是片段的、暫時的，並且不斷變化。

不要期待驚天動地的發現或諾貝爾獎，而是期待當你早晨醒來，看著鏡中的自己時，能感受到一種全新的內在感受。

我發現，當我在公園或海灘散步、和孫子們玩耍、淋浴時，或者在一夜好眠之後，更容易達到狐狸式的「放鬆約束」狀態，因為此時大腦也會在「休息」的同時處理問題。我已經把狐狸型思維變成我生活中不可或缺的一部分；同樣地，鬆開約束也是。在這種釋放的狀態下，我找到了解決我心中問題的狐狸型「萬能鑰匙」。當我放下內心的刺蝟，讓自己充分享受狐狸型釋放的樂趣時，我找到了那些最初看似無解的問題的「萬能鑰匙」。

我的建議是，如果你已成功讀完這本書，那麼你已經準備好了。闔上書本，出去散步，讓自己放鬆一下。思考並想像你即將踏上的旅程，這是通往你自己的狐狸型智慧與幸福的奇妙之旅。

附錄
關於狐狸型實踐的沉思資料

我寫這本書的初衷，是希望透過一系列簡短的筆記，幫助二十一世紀的人們以實用的狐狸型思維來應對世界。因此，我認為無須深入探討哲學與歷史背景，以免加重讀者負擔，也不必過度陷入理論層面，而是希望讀者能夠理解並實際應用這些觀念。然而，現在你已經讀完這本書，並（我希望）內化了其中的實踐智慧，我認為有必要增加一個附錄，專門梳理書中提出的思想的歷史脈絡，供有興趣的讀者參考。

「實踐」（Praxis）這一概念，我主要在狐狸型實踐學習循環（筆記29）中提及，最早由亞里士多德提出。他將其與人類的「實踐智慧」（Practical Wisdom）連結，這與他所謂的「理論智慧」（Sophia）不同，後者是指人們發展出普遍抽象真理的過程。

亞里斯多德強調，雖然理論智慧至關重要，但「實踐智慧」[66]對於人的實際幸福與推廣理論智慧思想也同樣重要。透過實踐智慧，這些思想在現實世界中得以測試與驗證，同時也伴隨深刻的反思過程與對基本意義的重新理解。這讓抽象概念得以與不斷變化的現實緊密連結，彼此互相影響[67]。

許多人遵循亞里斯多德的腳步，如馬克思（Marx）、伯格森（Bergson）、哈伯瑪斯（Habermas）、伽達默爾（Gadamer）、皮亞傑（Piaget）等實用主義者，每個人都以自己的方式拓展「實踐」的概念。

儘管亞里士多德的思想確實影響了許多後世思想家，並衍生出不同的詮釋，但其實踐意義與實際應用卻逐漸被邊緣化。

代表科學界與整個西方文明的社會認知主導典範是將理論與實踐分別，即將理論智慧與實踐智慧區隔，視為完全獨立的兩個領域。矛盾的是，這種區分方式正是亞里斯多德推動的。

亞里斯多德區分了人類和神聖之間的差異。理論智慧被歸類為絕對神聖知識，這與透過人的實踐智慧所獲得短暫的物質知識相反。在這種觀點下，神聖知識代表著超越任何實際經驗的永恆真理。

亞里斯多德將神聖與物質區分開，並將神聖定位在物質之上的這種思想，被天主教會採納並廣泛傳播。教士們的地位遠高於不識字、無法自行解讀聖經的「平民」。取代教會的科學典範在某種程度上繼續維持著這種理論家、科學思想家與「平民」之間的區隔。它將科學知識定位為優於所有非科學的人類經驗知識。

新知識的發展主要被認為是哲學家與科學家的專屬領域，而與普通人無關。很諷刺的是，十八世紀崛起並以人類解放和進步為基礎的啟蒙運動（the Enlightenment）[68]卻進一步鞏固了這樣的區隔。啟蒙運動認為科學能夠發現自然的所有法則，因此最終能控制自然。人類所需的知識應該是穩定、連貫、理性、客觀且普遍適用的。「理性主義」（rationalism）[69]因此成為衡量一切真理、是非與善惡的最高標準。在這種認知框架下，科學知識被視為能夠滿足所有社會需求與有益知

66. https://en.wikipedia.org/wiki/Phronesis
67. https://howtobeastoic.wordpress.com/2016/09/20/sophia-vs-phronesis-two-conceptions-of-wisdom/
68. https://en.wikipedia.org/wiki/Age_of_Enlightenmen
69. https://en.wikipedia.org/wiki/Rationalism

識的唯一來源，其終極目標是提供超越個人情境的普遍真理，以推動各個學科與人類整體的進步。

科學知識高於實踐知識，且完全獨立於實踐知識的看法，成為「邏輯實證主義」（logical positivism）的基礎。邏輯實證主義[70]在二十世紀初由「維也納邏輯實證主義圈」（Vienna Circle of Logical Empiricism）[71]所建立，旨在「為科學提供堅實的基礎，並透過對所有概念和句子的邏輯分析，證明所有形上學問題缺乏意義」[72]。這種主張使得實踐經驗後產生的人類情感思維沒有任何空間或地位。

工業革命催生了現代組織與管理模式，並強調理論—理性知識優於以實踐為基礎的經驗知識。在工業化的工廠中，工人被訓練成只需接受管理者的指示，管理問題被視為管理階層的專屬領域，而重大理論問題則屬於科學家的範疇。管理階層與工人之間的界線變得明確，工人僅需透過管理階層獲取其工作所需的知識，而他們的實際經驗在管理決策中被視為毫無價值。這種觀念深植於工業革命影響下建立的學校。這些學校從一開始便以滿足工業需求為主要目標，將自身定位為傳遞知識、紀律與社會價值的機構，而非鼓勵學生透過親身經歷來發展個人敏銳度與獨立思考能力的學習場域。

然而，正是在教育領域，一種全新的觀點開始發展，重新審視理論與實踐之間的關係，動搖了工業革命時期學校系統中根深蒂固的傳統假設。二十世紀上半葉，讓・皮亞傑提出了認知發展理論，指出兒童邁向成人的過程，是透過實際智慧的運作，即透過嘗試與思考之間的相互關係。根據皮亞傑的觀點，兒童的知識與思想發展並非來自單純的理論學習，而是透過實際經驗的積累與驗證[73]。新生兒無法意識到自己或周圍世界。兩者之間的區別需要長時間的活動和實驗過程，才會逐漸產生。兒童發展理論提出了一種觀點，即理性的基礎不一定源自科學。實踐理性（praxis rationality）意旨透過行動以檢驗理論邏輯。精密的邏輯成為實際論證的工具，而不是支配它的東西。實踐理性是透過在行動中檢驗理論知識來實現的。

理性主義應該根據其在實際人類環境中的相關性與有效性來評斷，而不是根據

---

70. https://en.wikipedia.org/wiki/Logical_positivism
71. https://en.wikipedia.org/wiki/Vienna_Circle
72. Weinberg, J.R. (1936) *An Examination on Logical Positivism*. London: Kegan Paul.
73. Kitchener R. (1986) *Piaget's Theory of Knowledge Generic Epistemology & Scientific Reason*. Yale University Press. New Haven.

其在證據的理論邏輯結構中的位置而定。

在談及對「宏大敘事」（grand narrative）抱持懷疑態度為特徵的「後現代」（Post-Modern）[74]運動的思想立場時，更為廣泛的哲學與社會方法也提及皮亞傑描述的理論與實踐之間的互補矛盾。抱持客觀事實的主張被認為是天真的寫實主義，因其關注受到特定情境的知識主張的條件情況所吸引。因此，後現代的觀點以自我指涉性（self-referentiality）與認識論相對主義（epistemological relativism）為特徵。它拒絕任何二元對立、穩定身分、階層和分類的「普遍有效性」（universal validity）。

現代主義強調一般性和普遍性，而後現代主義[75]則主張知識應該關注在地性和獨特性。它讚揚宏大敘事與一方優於另一方的既定優越性這兩者的消逝，因為這讓人能自由塑造自己的立場。

後現代主義的框架為依賴特定情境發展知識的方法提供了哲學辯證的空間。然而，它也被指責，其核心主張主要建立在對現代主義框架的失去信心之上，卻較難提出具體的實踐方法，來應對人生中持續不斷的懷疑與混亂[76]。

在瞬息萬變的世界中，我們必須重新詮釋自己，並一次又一次重拾一直是短暫且局部的穩定性。後現代主義對於我們應該如何實際應對這種環境，幾乎無法沒有提供明確的指引。

後現代主義之中具最大影響力的領域是解構主義（Deconstructivism）[77]。它是由德希達（Derrida）創立，廣泛應用於文學、語言學、哲學，甚至建築等領域。德希達揭露現代線性思考中根深蒂固的二元矛盾。透過解構主義的方法對文本進行分析，可以揭露這些對立及其內在的扭曲。二元矛盾的一方被認為是重要核心，而另一方則被認為居次要地位，必須由被認為是重要核心方的邏輯來解釋。

解構主義要求我們打開每個文本，揭露其中隱藏的「邊緣他者」（Marginal Other），用以產生新的可能性、意義和文化詮釋[78]。德希達試圖用更為複雜的思考

74. https://en.wikipedia.org/wiki/Postmodernism
75. Gadamer, H. (1979) *Historical Transformation of Reason. In Rationality Today.* University of Ottawa Press. Ottawa.
76. Polkinghorn, D. E., (1992) "Postmodern Epistemology in Practice" in *Psychology and Postmodernism.* Pp.146-165. Sage Publication. London.
77. https://en.wikipedia.org/wiki/Deconstructivism
78. Derrida, J. (1978) *Writing and Difference*, trans. Alan Bass. London.

方式來取代線性思考方式，其方式帶來多種可能性，能拓展選項並鼓勵自我充實。解構主義者強烈批判所有二分法，主要是理論與實踐之間的二分法，卻未能提供如何澈底消除這種對立的具體方法。解構主義讓我們意識到那些主流體制供應給我們的思考模式，並強調顛覆這些模式的必要性。儘管它成功地動搖了人們對各種權威真理的信仰，但它並未為重建思考方式鋪路。它較具有政治性，而非認知性。許多人指責解構主義，因為它為存在主義和感知虛無相對主義鋪路，這指責在某些方面來說是對的。對於德希達的激進觀點，安德森（Aderson）用此幽默說法總結：「不管你怎麼想，都是錯的。除非你覺得自己錯了。那樣的話，你可能對了，但你也不一定真的知道自己在想啥。」[79]

知識界的「新實用主義」運動（Neo-Pragmatism）[80]很大程度上是針對後現代主義的弱點而發展，它接受了後現代主義的基本假設，但並不認同其必然導致無止境的虛無相對主義的結論。

相反地，新實用主義強調人類需要對概念進行建構與重塑，以調整自身的認知與行為習慣，使其更貼合我們所經歷的現實。

這就是新實用主義與本書所描述的狐狸型實踐之間的聯結。

本書所呈現的狐狸型實踐，描述了一種應用於現實生活並符合新實用主義的方法。它試圖回應人們、群體與社會的存在需求，強調理解自身與周遭世界是一個持續的詮釋過程，並透過日常對變動現實的實驗來不斷深化這種理解。

把實踐權化為行動的疾呼，旨在重新確立「普通人」透過自身經驗發展自身知識的責任。這有兩個互補的含意。首先，關於我們如何看待感知和知識的本質；其次，關於我們應該如何看待權威。我們不能將發展實踐知識的責任外包，完全依賴教師、管理者、策略顧問或其他專家來決定一切。

這正是我們必須努力保持，構成人性基礎的重要本質。

有些哲學家認為人生的智慧是理論智慧（Sophia），但我早就不再相信這個說法。哲學無法提供比我們自身洞察力更睿智且實用的建議。在這方面，我再次引用理查·費曼對哲學在實用科學中的作用所說的話：「科學哲學對科學家的用處，就像鳥類學（ornithology，研究鳥類的科學）對鳥類的用處一樣。」[81]

79. Anderson, W. T. (1990) *Reality Isn't What It Used To Be*. Harper &Row. San Francisco.
80. https://en.wikipedia.org/wiki/Neopragmatism.
81. Feynman, R., P., (1936) *Surely You're Joking Mr. Feynman: Adventures of a Curious Character*. Bentam.

但我們不能低估哲學的重要性，也不能認為可以完全不需要它。實用智慧與理論智慧兩者有著互補矛盾的關係。正如前面所提及，亞里斯多德指出智慧需要這兩個面向，因為實用智慧幫助理論智慧，理論智慧也幫助實用智慧。

我希望處於那種「交界地帶」，而不是成為這種或那種身分，正是我寫這本書的態度。我試著不將其寫成一本指南。但再次強調，這也不是一本哲學書。最終，這本書可以被視為一種狐狸型的嘗試，試著在兩極之間創造一個嶄新的小類別。我不確定我是否成功了，但即使沒有，我想把這看作是一次暫時的失敗，而不是最終的結局。

國家圖書館出版品預行編目(CIP)資料

狐狸型思維：世界怎麼變都能游刃有餘的 34 則致勝筆記 / 茲維．拉尼爾 (Zvi Lanir) 著；林楸燕譯．-- 初版．-- 新北市：日出出版：大雁出版基地發行，2025.04
256 面；14.8*20.9 公分
譯自：Thinking like a fox : the complete guide to a life of adventure and practical wisdom
ISBN 978-626-7568-86-6(平裝)
1.CST: 思維方法 2.CST: 成功法
176.4 114002958

狐狸型思維

世界怎麼變都能游刃有餘的 34 則致勝筆記

作　　者 茲維．拉尼爾（Zvi Lanir）
譯　　者 林楸燕
責任編輯 李明瑾
封面設計 Dinner Illustration
內頁排版 陳佩君
發 行 人 蘇拾平
總 編 輯 蘇拾平
副總編輯 王辰元
資深主編 夏于翔
主　　編 李明瑾
行　　銷 廖倚萱
業　　務 王綬晨、邱紹溢、劉文雅
出　　版 日出出版
發　　行 大雁文化事業股份有限公司
地址：新北市新店區北新路三段 207-3 號 5 樓
電話：（02）8913-1005　傳真：（02）8913-1056
劃撥帳號：19983379 戶名：大雁文化事業股份有限公司
初版一刷 2025 年 4 月
定　　價 450 元

ISBN 978-626-7568-86-6